기린과 코끼리에게 배우는

공생의 기술

기린과 코끼리에게 배우는
공생의 기술

저자_ 유영만

1판 1쇄 발행_ 2007. 10. 12.
1판 11쇄 발행_ 2010. 10. 11.

발행처_ 김영사
발행인_ 박은주

등록번호_ 제406-2003-036호
등록일자_ 1979. 5. 17.

경기도 파주시 교하읍 문발리 출판단지 515-1 우편번호 413-756
마케팅부 031)955-3100, 편집부 031)955-3250, 팩시밀리 031)955-3111

값은 뒤표지에 있습니다.
ISBN 978-89-349-2674-0 03320

독자의견 전화_ 031)955-3200
홈페이지_ http://www.gimmyoung.com
이메일_ bestbook@gimmyoung.com

좋은 독자가 좋은 책을 만듭니다.
김영사는 독자 여러분의 의견에 항상 귀 기울이고 있습니다.

기린과 코끼리에게 배우는

공생의 기술

유영만
지음

김영사

21세기 생존의 핵심키워드 공생

모든 식물은 한번에 꽃을 피우지 않는다

만물은 끊임없이 변해갑니다. 물론 겉보기에는 아무런 변화 없이 머물러 있는 것처럼 보입니다. 하지만 변화 자체가 생존의 한 방식으로 자리 잡아 잠시도 정체되어 있지 않고 변신을 거듭합니다. 기업도 마찬가지입니다. 100년 이상 지속적으로 성장해온 기업은 한결같이 새로운 환경 변화에 유연하게 대응하면서 과거와는 근본적으로 다른 모습으로 끊임없이 탈바꿈을 해왔습니다.

21세기 기업은 다양한 도전과제 앞에 직면해 있습니다. 시장과 고객의 요구는 날이 갈수록 복잡해지고 사회 분위기는 다원화 되고 있는 것입니다. 따라서 이제까지 존재하지 않던 새로운 가치를 창출하기 위해 끊임없는 노력을 기울이고 있습니다. 때로는 유사업종 혹은 이업종간 인수합병이 이루어지고 국경을 넘어 다양한 구성원들이 서로 다름과 차이를 극복해 시너지를 내기도 합니다. 다양성을 존중하면서 시너지를 창출하는 것은 이제 기업의 운명을 좌우할 정도입니다.

진정한 시너지란 '존중'과 '배려'에서 나옵니다. 자연을 한번 둘러보십시오. 초원의 식물은 한꺼번에 꽃을 피우지 않습니다. 저마다 꽃이 피고 지는 시기가 다르고 그 모양과 색깔도 천차만별입니다. 그것이 아름다운 초원이 연출되는 비결입니다. 나와 너의 개성이 우리의 아름다움으로 다가오고, 우리의 아름다움 속에서 나와 너의 개성이 꽃을 피우는 것입니다.

'밖'으로의 떠남은 '안'으로 들어가기 위한 시작

마찬가지로 기업도 남녀나 신구세대를 떠나 다양한 경험과 배경이 함께 어우러져 저마다의 개성과 재능을 발휘할 수 있는 무대가 마련될 때, 아름다운 꽃을 피울 수 있습니다. 물론 함께 일하다 보면 가치관의 차이로 갈등과 문제가 발생할 수도 있습니다. 그러한 갈등과 문제의 답은 '밖'에 있는 것이 아니라 '안'에 있습니다.

자신을 둘러싼 여러 정황을 돌아보고 나면 문제해결의 열쇠는 결국 내 안에 잠재되어 있음을 깨닫게 됩니다. 내가 몸담고 있는 조직 안에서 함께 머리를 맞대고 고민할 때 불가능하다고 생각했던 문제에 대한 해결의 실마리가 보이기 시작합니다.

이 책은 태생도, 살아온 환경도 전혀 다른 코끼리와 기린이 먹이 부족을 극복하기 위해 함께 힘을 모아 새로운 삶의 터전인 초원에 도착한 뒤, 생활 습관이나 가치관의 차이로 겪는 다양한 갈등 상황을 매개로 전개됩니다. 엄청난 위협에 도전하면서 코끼리와 기린은 먼 길을 걸어 '밖'으로 나왔지만 결국 문제에 대한 답은 '안'에 숨겨져 있음을 깨닫게 됩니다.

그들은 힘들게 먼 길을 걸어 꿈의 목적지인 푸른 초원에 도달했습니다. 그곳에 도달하면 모든 것이 해결될 것으로 여겼으나, 바쁜 일상이 반복되면서 삶에 회의가 들기 시작했습니다. 꿈의 목적지에 가면 답을 찾을 수 있을 것이라고 생각했는데, 막상 가보니 그것은 일시적 만족과 순간적 기쁨일 뿐이었던 것입니다. 코끼리와 기린이 고민하는 문제에 대한 답은 함께 걸어온 여정에도, 힘들게 도착한 초원에도 없었습니다. 그곳은 코끼리와 기린이 잠시 머물다 또 다른 초원을 향해 떠나야 할 중간 목적지였습니다.

서로가 고민하는 문제해결의 열쇠는 각자의 생각과 마음속에 있습니다. 누구도 코끼리와 기린이 고민하는 문제를 해결할 열쇠를 갖고 있지 않습니다. 이 책에 등장하는 '환상의 목소리'라는 새가 문제해결의 단서를 제공하지만, 그것을 소화하고 자기 것으로 만드는 것은 결국 코끼리와 기린의 몫인 것입니다.

영속기업을 위한 8가지 핵심가치

코끼리든 기린이든 자신의 가치관에 근거해 서로를 비난할 경우, 행복한 동거는 영원히 달성할 수 없는 먼 나라 이야기가 되고 맙니다. 이들은 서로의 갈등을 조정하고 문제를 해결할 수 있는 새로운 대안을 모색하기도 하지만, 시비를 가리면서 문제의 근원을 자신보다는 타인에게서 찾는 어리석음도 범합니다.

전혀 다른 탄생 배경과 성장 과정을 겪은 두 사람이 결혼해 행복한 삶을 추구하듯, 기업도 다양한 구성원 혹은 팀이 공동의 목표를 달성해나가는 행복한 여정을 함께합니다. 이것이 바람직한 모습입니다. 그러나 현실적으로 불행한 결혼이나 이혼으로 아픔을 겪는 남녀가 있는 것처럼, 조직 구성원간 혹은 조직과 조직 간의 복잡한 이해관계로 시기하고 질투하며 잘잘못을 따지다 소중한 시간을 허비하는 경우도 있습니다.

하지만 비 온 뒤에 땅이 굳는다는 말처럼 서로에게 준 상처를 어루만지고 조금씩 양보를 하면 상처 위에 새살이 돋습니다. 물론 상처가 나는 순간은 고통스럽지만, 상처 위에 돋은 새살은 또 다른 삶의 교훈을 전해줍니다.

코끼리와 기린이 만들어가는 삶을 의인화한 이 책은 다름과 차이 속에서도 조화를 이뤄나가는 초원의 동물에 관한 이야기입니다. 무엇보다 오랫동안 고객으로부터 사랑받는 영속기업이 일반적인 기업과 어떤 점에서 차이가 나는지 생각해보는 계기를 제공합니다. 영속기업은 다른 기업이 갖고 있지 않은 문화적 DNA를 체질화해 비즈니스 방식은 물론 구성원의 일상적인 삶에도 영향을 미칩니다. 여기서 말하는 '문화적 DNA'란 목표, 신뢰, 창조, 혁신, 열정, 주인정신, 존중, 고객만족과 같은 기업 경영의 핵심가치를 의미합니다.

거의 모든 기업이 이러한 문화적 DNA를 갖고 있다고 생각할지도 모르지만, 머리로 알고 있는 것과 실제로 비즈니스에 적용해 자사 특유의 경영방식The Way으로 구체화하는 것에는 차이가 있습니다. 더욱 중요한 것은 이러한 핵심가치 중심의 문화적 DNA간에 시너지 효과가 발생하면서, 그것이 기업의 지속적인 성장과 발전을 좌우하는 내부 유전인자로 자리 잡고 있느냐 하는 것입니다.

이 책은 서로 다른 조직 구성원이 공동의 목표를 달성하는 여정에서 겪는 가치관의 갈등은 물론 조직 및 팀의 다름과 차이로 발생하는 다양한 문제를 슬기롭게 해결하는 결정적 단서를 제공합니다. 일상적인 삶이든 직장생활이든 한 사람의 노력으로 이루어지는 성취보다는 누군가와의 공동 노력을 통해 더 많은 성취와 가치 창출이 가능하다고 생각합니다.

특히 누군가와 인간적인 관계를 맺음으로써 내가 추구하는 비전과 목표를 달성할 수 있다면, 다름과 차이를 수용하면서 새로운 보람과 가치를 창출하도록 노력해야 합니다.

내가 할 수 있는 일, 내 노력으로 기여할 수 있는 일이 있다는 것은 가슴 뛰는 일이자 감사해야 할 일입니다. 주변 사람들 사이에 다양한 차이가 있음을 인정하고, 그것을 서로를 보완해주는 기회로 삼는다면 지금의 나보다 훨씬 의미 있는 존재로 거듭날 것입니다. 나아가 다양한 구성원을 공동의 목표와 가치를 추구하는 한솥밥 공동체로 생각한다면, '비난의 화살'을 주고받기보다 '비판의 빵'을 나누면서 즐겁고 신나는 일터를 만들 수 있을 것입니다.

이 책이 알고 있으면서도 간과하고 있거나 바빠서 지나쳐 버린 일상의 소중한 가치를 일깨우는 시금석이 되길 기대합니다.

지식생태학자 유영만

등장 동물 소개

이 책의 주요 등장 동물은 코끼리와 기린이다.

〈그림 1〉에서 볼 수 있듯 코끼리 가문의 오랜 경험과 우직한 리더십의 소유자인 엘리멘토^{Ele-Mentor}*와 기린 가문의 정신적 지주인 기라성^{綺羅星}은 두 가문의 웃어른으로 두 종족간의 통합을 이끌어내는 어려운 과제 앞에서 결정적 역할을 한다.

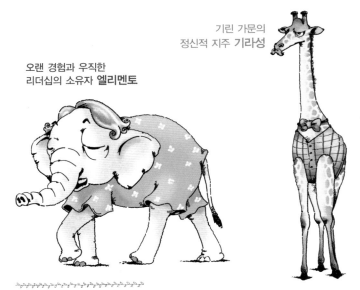

기린 가문의
정신적 지주 **기라성**

오랜 경험과 우직한
리더십의 소유자 **엘리멘토**

*엘리멘토는 코끼리를 뜻하는 Elephant와 멘토를 의미하는 Mentor의 합성어.

그 밑에는 웃어른을 보좌하며 두 가문의 다름과 차이를 인정하고 조화를 추구하는 과정에서 실질적 리더십을 발휘하는 젊은 리더가 있다. 무리가 가야 할 곳을 분명히 아는 젊은 리더 엘리코치^{Ele-Coach}*와 주변을 편안하게 감싸는 섬김의 조력자 기린아麒麟兒가 그들이다.

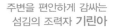
주변을 편안하게 감싸는
섬김의 조력자 **기린아**

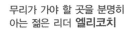
무리가 가야 할 곳을 분명히
아는 젊은 리더 **엘리코치**

*엘리코치는 코끼리를 뜻하는 Elephant와 코치를 의미하는 Coach의 합성어.

그리고 양쪽 가문에는 독특한 개성과 강점이 있는 코끼리와 기린이 있는데 이들의 힘으로 초원의 대축제, 즉 파티가 성대하게 열린다. 거만하고 고집 센 외톨이 엘리강스Ele-Gance*, 변화를 즐기는 지혜로운 모험가 기특한奇特漢, 재미와 즐거움으로 무장

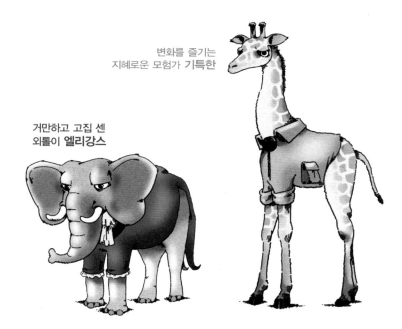

변화를 즐기는
지혜로운 모험가 **기특한**

거만하고 고집 센
외톨이 엘리강스

*엘리강스는 코끼리를 뜻하는 Elephant와 우아함을 의미하는 Gance의 합성어.

한 낙천가 엘리펀^{Ele-Fun}*, 왕성한 호기심으로 끊임없이 새로움을 추구하는 아이디어맨 기발한^{奇拔漢}, 그리고 전설적 목소리의 주인공이자 문제해결을 도와주는 멘토 환상의 목소리^{Fantastic Voice}가 등장한다.

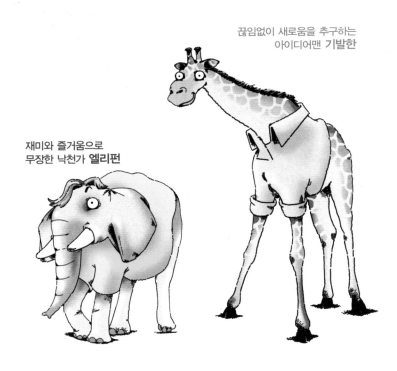

끊임없이 새로움을 추구하는
아이디어맨 **기발한**

재미와 즐거움으로
무장한 낙천가 **엘리펀**

*엘리펀은 코끼리를 뜻하는 Elephant와 즐거움을 의미하는 Fun의 합성어.

전설적 목소리의 주인공이자
문제해결사 **환상의 목소리**

파티 음식 담당자 엘리푸드

그밖에 파티 음식을 담당하고 있는 엘리푸드Ele-Food*와 초원의
파티에 초대된 들쥐, 산토끼, 오랑우탄, 얼룩말, 새, 하마, 흰털
여우 등이 나온다.

지금까지 설명한 등장 동물 간 역학관계를 그림으로 나타내
면 다음과 같다.

*엘리푸드는 코끼리를 뜻하는 Elephant와 음식을 의미하는 Food의 합성어.

전설적 목소리의 주인공이자
문제해결을 도와주는 멘토
환상의 목소리

엘리멘토 ── 두 종족의 통합 과정에서 결정적 역할을 함 ── 기라성

엘리코치 ── 결속력 강화와 리더십 발휘 ── 기린아

엘리펀   엘리강스   기특한   기발한

파티 장소 장식 담당
파티 전체 진행 담당

〈그림 1〉 코끼리와 기린 가문의 가계도※系圖**와 역할**

목 차

저자 서문 21세기 생존의 핵심키워드, 공생 ● 4

등장동물소개 ● 10

프롤로그 파티하자! 목표는 열정을 타오르게 하는 연료다 ● 21

1 담대한 목표

D-30일 **가슴 뛰는 목표를 세워라** ● 47

"왜 아무도 없지? 분명 날마다 모여서 파티 계획을 짜기로 했는데…"

2 끝없는 신뢰

D-23일 **믿음을 얻기 위한 최고의 방법** ● 75

"믿을만한 동료를 찾기에 앞서 우리 스스로 무리에게
믿을만한 대표가 되기 위해 노력해야 해."

3 위대한 창조

D-20일 **기발한의 아주 특별한 성장통** ● 99

"알을 깨고 나오는 메추라기가 무척 힘들고 아플 것 같다는 생각을
해본 적은 없나요?"

4 행복한 변화

D-15일 **기특한, 미지의 평야로 여행을 떠나다** ● 123

"우리에게 필요한 것은 익숙한 것에서 벗어나 새로운 장소에서
새로운 눈으로 새로운 것을 바라보는 거야."

5 몰입의 힘

D-10일 물고기를 잡으려면 물에 흠뻑 빠져라 153

"오직 한 가지만 생각했어요. 어떻게 물고기가 움직이는 방향과
내 몸이 움직이는 방향을 일치시킬 것인가… 그 생각만 했죠."

6 흔들리는 주인의식

D-7일 비에 쓸려 내려간 파티음식 181

"운 좋게 음식을 다시 구해 무사히 파티를 연다고 해도
그 파티의 주인은 여러분이 아니에요!"

7 진정한 존중

D-DAY 누구를 위한 파티인가 205

"산양들이 딱딱한 음식을 먹을 수 있나요? 들쥐에게 이처럼
까마득히 높은 무대가 보일까요?"

8 하나의 비전

두번째 D-DAY 찬란하고 아름다운 파티를 하자 227

"기린, 코끼리, 그리고 초원의 가족 여러분! 오늘 우리 하나가 됩시다.
하나가 되어 파티를 합시다. 더 큰 하나를 위해!"

에필로그 영속기업의 성장 DNA를 이식하라 249

파티하자!

바쁜 하루 일과에 쫓기다 보면

가끔 '내가 지금 뭐 하고 있는 거지?'

하는 생각이 들어.

목표는 열정을 타오르게 하는 연료다

아주 오랜 옛날 서로 다른 초원에서 살던 코끼리와 기린이 있었습니다. 코끼리와 기린은 각각 자기가 사는 초원에서 자신이 제왕이라고 생각하며 별다른 어려움 없이 지냈습니다. 코끼리는 엄청난 양의 건초더미를 먹고 기린은 긴 목을 이용해 나뭇가지 위의 새순을 따먹으며 평화롭게 살아갔습니다.

그런데 어느 순간 초원에 가뭄이 들면서 코끼리와 기린이 먹을 수 있는 건초와 새순이 절대적으로 부족해졌고, 이들이 머물고 있는 삶의 터전에 심각한 위기가 다가오기 시작했습니다. 그때 코끼리와 기린 가문의 웃어른인 엘리멘토와 기라성은 계곡 너머에 드넓은 초원이 있음을 확신하고 대대손손 태평성대를 누리던 초원을 떠나자는 제안을 합니다.

이로 인해 초원에 이런저런 논란이 일게 되었습니다. 드넓은 초원으로 가는 길 자체가 먼 데다 수많은 협곡과 급류도 건너야 했기 때문입니다. 더욱이 맹수들이 들끓는 숲을 지나야 했기에 그야말로 엄청난 도전이 아닐 수 없었습니다. 또 다른 문제는 겨울이 다가오기 전에 계곡 너머의 울창한 숲에 도달하려면 코끼리와 기린이 평소에 걷는 속도보다 빠른 속도로 걸어야 한다는 것입니다.

이들은 가뭄으로 타들어가는 풀밭에 주저앉아 서서히 죽음을 맞이할 것인지, 아니면 위험을 무릅쓰고 계곡 너머의 새로운 숲을 찾아 떠날 것인지를 놓고 의견이 분분했습니다. 마침내 엘리멘토와 기라성은 코끼리와 기린 가문을 대표하는 수장으로서 그대로 머물러 있다가는 모두 죽고 말 것이라는 결론을 내리고 새로운 보금자리를 향해 떠나기로 결정했습니다.

태생적으로 다른 성장 배경과 생활 습관을 갖고 있는 코끼리와 기린의 수장은 처음에 도저히 함께 갈 수 없다는 강렬한 저항에 부딪혔지만, 위기의 심각성을 알리고 그것이 최선의 생존 방법임을 호소해 결국 새로운 꿈의 목적지로 함께 가기로 합의했습니다. 그래도 불만은 남았습니다. 기린은 큰 덩치로 느릿느릿 걷는 코끼리를 우둔하다고 비난했고, 코끼리는 고고한 척 폼은 잡지만 겁이 많고 바람에도 날아갈 것 같다고 기린을 비난했습니다. 상대에게 아픈 상처를 주면서 서로 티격태격했던 것입니다.

그러나 이들은 언제까지나 서로를 비난할 수는 없다는 것을 깨닫게 됩니다. 가파른 산과 무시무시한 계곡을 헤쳐가려면 서로의 도움이 절실했기 때문입니다. 덕분에 그러한 장애물은 '걸림돌'이 아니라 오히려 함께 딛고 넘어야 할 '디딤돌'로 작용했습니다. 가끔 서로를 비난하는 경우도 있었지만 이들은 어려움을 함께 이겨내고 결국 꿈의 목적지인 푸른 초원에 도달했습니다.

그로부터 1년 후…….

"에효… 후우~"

한여름에도 눈이 녹지 않는다고 전해지는 '까마득한 산Far-Off-Mountain'을 등지고 섰을 때, 눈에 보이는 세 방향 모두 하늘과 땅이 맞닿을 정도로 '엄청 넓은 초원Extensive Meadow'의 어디선가 커다란 한숨소리가 들려왔다.

"에효… 에구구구…"

'엄청 넓은 초원'의 한구석에서 무심히 풀을 뜯던 기린과 코끼리들이 이상한 소리가 나는 방향을 찾아 고개를 두리번거렸다. 더 이상 소리가 들리지 않자 대부분은 다시 풀을 뜯거나 나무 그늘 아래로 가서 낮잠을 청했지만, 호기심이 강한 몇몇은 그것이 무슨 소리인지 알아내기 위해 정신없이 고개를 돌려댔다.

"에효… 아~"

얼마 지나지 않아 또 다시 한숨소리가 들려왔다. 그러자 호기심이 왕성한 기린들이 앞장서서 소리가 나는 방향으로 성큼성큼 걸어갔다. 그 소리는 '까마득한 산' 쪽으로 올라가는 길에서 그리 멀지 않은 개울가 풀숲에서 들려오고 있었다.

"에휴…"

호기롭게 개울가까지 몰려간 기린과 코끼리는 막상 코앞에서 이상한 한숨소리가 들려오자 누구도 선뜻 나서지 못했다. 그들이 우물쭈물하고 있는 가운데 덩치 크고 양 어깨가 떡 벌어진 코끼리 한 마리가 보란 듯이 성큼성큼 앞장서서 걸어갔다. 그 앞을 가로막고 서 있던 기린과 코끼리는 양 옆으로 비켜서서 길을 내주었다. 일행과 한숨소리의 중간쯤에서 멈춰선 그 코끼리는 앞발로 땅을 한번 힘차게 구르더니 큰소리로 외쳤다.

"거기 누구냐? 여기 사는 동물이라면 어서 모습을 드러내고, 괴물이라면 썩 물러가라!"

당당하게 나서긴 했지만, 그 코끼리도 '한숨소리'의 존재가 두렵기는 마찬가지였다. 평소답지 않게 목소리가 많이 떨리고 있었다. 그래도 그의 용기는 무리에게 군중심리를 불러일으키기에 충분했다. 멀찍이 뒤에 서 있던 기린과 코끼리들도 너나 할 것 없이 앞으로 나서서 그의 말을 따라하며 힘을 보태기 시작했다.

"괴물이냐? 아니냐? 아니면 모습을 드러내고, 괴물이

면 썩 물러가라!"

어느덧 사기가 오른 그들의 외침은 개울가는 물론, 엄청 넓은 초원을 쩌렁쩌렁 울리고 있었다. 그 소리에 묻혀서인지 한동안 괴이한 한숨소리가 잠잠해졌다.

"진짜 괴물이었나?"

"그랬나 봐. 괴물이 우리 고함소리에 놀라 도망쳤나 보다."

"역시 우리가 뭉치면 당해낼 자가 없다니까, 하하하!"

몇 번의 고함으로 괴물을 쫓아냈다고 생각한 기린과 코끼리들은 의기양양해져서 서로의 등을 두드리고 비비며 자화자찬을 쏟아냈다.

그때였다.

"에효… 휴~"

다시 그 한숨소리가 더욱 괴이하게 들려왔다. 괴물을 물리쳤다고 방심하고 있어서였을까? 흐뭇한 미소를 지으며 승자의 쾌감을 만끽하던 기린과 코끼리들은 처음보다 몇 배는 더 크게 놀라 비명을 질러대기 시작했다.

"괴, 괴, 괴… 괴물이다!"

"으악!"

엉겁결에 어른들을 따라온 새끼들은 놀라움에 울음을 터뜨리기 시작했다. 개울가는 우왕좌왕하는 어른과 울부짖는 새끼들이 뒤섞여 엉망진창이 되어 버렸다. 그 혼란을 수습하고 나선 것은 아까 당당하게 나섰던 덩치 큰 코끼리였다. 혼란에 빠진 무리를 진정시킨 그는 주변의 만류를 뿌리치고 개울로 좀더 내려갔다. 난리법석이던 무리는 저도 모르게 입을 다물고 그 모습을 지켜보았다. 이제 개울가에는 코끼리의 발끝에 채인 자갈이 굴러가는 소리와 물 흐르는 소리 그리고 간혹 이어지는 그 한숨소리만 들려올 뿐이었다. 몇몇 기린과 코끼리가 침을 '꿀꺽' 하고 삼키는 소리에 놀랄 정도로 개울가는 조용했다. 그만큼 그들 사이에는 긴장감이 흐르고 있었다.

"어랏, 이게 누구야?"

개울로 거의 다 내려가 무성한 수풀 사이를 헤치던 코끼리의 입에서 고함에 가까운 외마디가 터져 나왔다. 그 소리에 몇몇 동물은 아까처럼 공포 섞인 비명을 질러댔고, 몇몇은 조용히 개울 아래로 내려간 코끼리를 주시하

며 초조하게 다음 반응을 기다리고 있었다. 하지만 그 혼돈과 팽팽한 긴장감은 오래지 않아 허무하게 수그러 들었다. 코끼리의 뒤를 따라 올라오는 '한숨소리'의 주 인공을 본 기린과 코끼리는 저마다 코웃음을 치며 어이 없어 했다.

"뭐야, 쟤였어?"

"쟤가 지금까지 우리를 그토록 불안하게 만든 거야?"

"근데, 사실 쟤가 그렇게 만들었다기보다는 우리가 좀 호들갑스럽긴 했어."

"호들갑이라고? 아까 제일 크게 비명을 지르고 가장 먼저 도망갈 채비를 한 건 너잖아!"

"뭐야? 일 년 전에 이곳 초원으로 올 때 조그마한 들쥐 한 마리를 보고 가장 혼비백산했던 게 누구였더라?"

기린과 코끼리들은 누구의 비명소리가 제일 컸다는 둥, 누가 가장 먼저 도망갈 채비를 하고 있었다는 둥 하며 서로 놀려대기에 바빴다. 그러는 사이 개울로 내려갔던 코끼리와 한숨소리의 주인공이 무리가 있는 개울가 언덕으로 올라왔다. 한숨소리의 주인공은 선뜻 기린과 코끼리 무리에게 다가서지 못하고 어정쩡한 자세로 서 있었다. 그러자 오히려 기린과 코끼리들이 그에게 다가가며 물었다. 겁이 나서 한 발짝도 개울 아래로 떼지 못하고 우물쭈물하던 아까와는 사뭇 다른 모습이었다.

"대체 왜 그런 소리를 낸 거야?"

"내가 얼마나 가슴이 떨렸는지 알아? 가뜩이나 심장이 약해서 조심하고 있는데 말이야."

"어휴, 내가 너인 줄 알았어."

"알긴 뭘 알아? 아까 제일 먼저 괴물이라 소리치고 도망치려 한 주제에."

여전히 기린과 코끼리들은 네가 제일 겁을 먹었네, 자기는 겁을 먹지 않았네 하면서 다퉜다.

"아무튼 이유나 들어보자. 왜 그런 소리를 낸 거야?"

동물들이 둘러싸고 다그치는 중심에 서 있는 한숨소리의 주인공은 바로 기린이었다. 다른 기린보다 키는 작지 않았지만, 머리가 크고 목이 좀 짧아 다소 왜소하다는 느낌이 들었다. 두 눈이 다른 기린에 비해 두 배는 크고 입도 그만큼 커서 약간 개구쟁이처럼 보인다는 것을 제외하고는 그를 괴물이라고 할 만한 어떠한 특징도 없었다.

동료 기린과 코끼리들의 다그침에 아무런 대꾸도 하지 못하고 한동안 머뭇거리던 그는 마지못해 조용히 입을 열었다.

"갑자기 궁금한 게 생겨서… 그게 너무 고민돼서… 그만 한숨이…"

그 말에 그를 둘러싼 동물들은 모두 어이가 없어 할 말을 잃어버렸다.

"아니, 궁금한 게 생겨서라니? 뭐가 그렇게 궁금하기에 혼자 이곳까지 와서 그런 괴이한 한숨을 내쉰 거야?"

"일 년 전에 우리는 보다 풍요롭고 윤택하게 살자고 고생고생하며 이곳 초원으로 옮겨왔잖아. 그치?"

"그래. 그런데?"

"기린과 코끼리가 함께 어울려 살게 되면서 예전에 우리를 위협하던 맹수들도 감히 우리를 건드리지 못하게 되었지…"

"그래. 그런 건 다 알고 있으니까 괜히 말을 빙빙 돌리지 말고 궁금하고 너무 고민이 돼서 한숨을 쉬게 만든 게 무엇인지 말해 봐!"

잠시 진지하게 듣고 있던 기린과 코끼리들은 짜증을 내기 시작했다.

"난 우리가 새로운 무리를 이뤄 넓은 초원에 자리를

잡으면 모든 문제가 해결될 거라고 생각했어. 그런데 여전히 바쁘고 하루하루가 정신없이 지나가긴 해도, 어쩐지 우리의 미래가 좀 불안하다는 생각이 들어…"

그의 이야기가 끝나자 비난을 퍼붓던 무리 중간쯤에서 조금씩 그에게 동조하는 이야기가 들려오기 시작했다. 그것은 그가 궁금해 하는 것, 그가 고민하는 것에 대해 자신들도 최근 고민을 하고 있었다는 고백이었다.

"사실, 나도 요즘 우리에게 무언가 부족한 것이 있다는 생각이 들곤 했어."

"맞아. 저렇게 한숨을 내쉴 만큼은 아니지만, 바쁜 하루 일과에 쫓기다 보면 가끔 '내가 지금 뭐 하고 있는 거지?' 하는 생각이 들어."

"나는 우리가 지난 일 년 간 해온 일에 대해 만족하는 편이지만, 앞으로 기린과 코끼리가 헤쳐 나가야 할 일들을 떠올리면 한번쯤 지금의 모습을 돌아보고 무언가 변화를 향한 방법을 찾아야 한다는 생각이 들어."

이제는 누구도 한숨소리의 주인공을 비난하지 않았다. 오히려 정신없는 하루 일과와 그 속에서 무언가 부

족한 모습 그리고 미래에 대한 불안 등의 고백이 여기저
기서 터져 나왔고, 몇몇은 풀이 죽어 있던 '한숨소리'의
주인공에게 몸을 비비며 격려하기도 했다.

그 소란함에서 조금 벗어난 곳에 코끼리와 기린이 한
마리씩 서 있었다. 가장 먼저 한숨소리가 나는 곳을 찾
아가보자고 나섰던 기린과, 모두가 괴물이라고 단정 짓
고 도망가려 할 때 혼자 개울 아래로 내려가 괴물의 정
체를 밝힌 코끼리였다. 그들은 생김새나 행동 하나하나
가 누가 보더라도 무리 중 리더라고 할 만큼 듬직하고
의젓해보였다.

"다른 때 같으면 저런 불평을 받아주지 않겠지만, 사
실 내가 생각해도 요즘 우리가 몹시 바빠서 자기 자신을
돌아보지 못하고 앞만 보며 달리고 있는 것 같아."

소란한 무리에게서 조금 떨어진 곳이라 물 흐르는 소
리와 그 물살에 자갈이 이리저리 구르는 소리밖에 들리
지 않던 고요함을 깨고 먼저 입을 연 것은 기린이었다.
그는 기린들의 젊은 리더 기린아였다. 그 말을 들은 코

끼리의 젊은 리더 엘리코치는 잠시 고개를 들어 그를 바라보다가 다시 고개를 숙이고 말없이 오른쪽 앞발로 애꿎은 바위만 이리저리 굴리고 있었다.

"예전에도 그다지 편하고 한가한 초원생활을 한 것은 아니었지만, 요즘 들어 유난히 일이 많고 무얼 하는지도 모르게 하루하루가 정신없이 지나가는 것 같아. 기린과 코끼리를 제외한 초원의 다른 동물들과 말 한마디 나눠 보지 못한 지가 꽤 되었다니까! 그래도 기린 중에 리더라고 하는 내가 이 정도인데 저들이 불평을 하는 것은 당연한 일일지도 몰라. 특히 저 녀석처럼…"

기린아는 말을 멈추고 목을 한 바퀴 획 돌려 다른 무리와 함께 있는 '한숨소리'의 주인공을 바라보았다. 그는 어느새 자신을 질책했던 동료들에 대한 서운함이나 동료들을 놀라게 했다는 자책감에서 벗어나 자신들이 얼마나 바쁜 하루하루를 보내고 있으며 그 안에서 의미를 찾는 것이 얼마나 어려운지, 또한 그렇게 사는 것이 얼마나 힘든 일인지 등에 대해 신나게 떠들어대고 있었다.

"아무튼 여전히 바쁘면서도 뭔가 미래에 대한 불안은 가시지 않고, 초원에서의 삶 자체에 대해서도 썩 만족스럽게 생각하지 않는 것 같은데… 대체 그 이유가 뭘까?"

코끼리는 여전히 아무 말 없이 큰 발로 개울가 바위들을 이리저리 흔들고 있었다. 기린은 아무런 반응도 보이지 않는 엘리코치에게 슬슬 짜증이 나기 시작했다.

"야, 엘리코치! 무슨 말이라도 해 봐! 상대가 얘기를 하면 무슨 반응이 있어야지!"

기린아가 날카롭게 목청을 높이자 그제야 엘리코치는 바위 흔들기를 멈추고 기린을 바라보았다.

"미안… 생각할 것이 좀 있어서…"

"생각? 무슨 생각?"

기린아는 여전히 엘리코치의 무심함에 분이 풀리지 않은 듯 씩씩거리며 물었다.

"우리가 몹시 바빠 초원의 다른 동물들과 어울리는 것조차 힘들어지고 모두들 초원에서의 삶의 목표랄까 뭐 그런 것에 대해 의문을 갖기 시작한 것이 언제쯤부터일까?"

"그거야… 그게… 언제부터지?"

당연한 걸 갖고 고민하고 있다는 투로 말을 하던 기린이는 갑자기 말문이 막혀 버렸다. 대신 엘리코치가 이야기를 계속했다.

"너, 요즘 바쁘니?"

"당연히 바쁘지! 아침에 눈뜨면 초원으로 나가서 식사준비 해야지, 갓 태어난 새끼들이 잘 자랄 수 있도록 풀 더미 거둬다 푹신하게 깔아줘야지, 그리고 사자나 표범들이 넘볼 수 없도록 큰 나무더미들을 굴려 담장도 만들어야지… 눈코 뜰 새 없이 바쁘다고!"

바쁘냐는 물음에 기린이는 숨이 가쁘도록 자신이 하루 동안 해치우는 일을 줄줄이 꿰기 시작했다. 묵묵히 듣고 있던 엘리코치가 다시 물었다.

"그렇게 바쁜 걸 보니 너는 네가 하는 일에 대해 확고한 목표가 있고 또 그 의미도 충분히 알고 있겠네."

"당연하지! 나는… 아니… 꼭 그렇지만도… 에효."

기린이는 자신이 나무라던 그 한숨소리의 주인공처럼 똑같은 소리로 한숨을 내쉬었다. 엘리코치가 긴 코로 기린아의 등을 토닥거리며 말했다.

"나도 마찬가지야. 하루하루 사는 걸 생각해보면 눈코 뜰 새 없이 바쁘긴 한데, 요즘 들어 부쩍 '내가 하는 일의 의미가 무엇일까?', '내가 이 일을 잘하면 기린과 코끼리의 미래가 더 나아질까?' 뭐 이런 의문이 끊임없이 떠올라."

"그게 언제부터였을까?"

한숨을 쉬던 기린아가 슬며시 고개를 들며 물었다.

"아마도…"

"아마도…?"

"우리가 '첫 번째 공동목표'를 달성한 이후부터가 아닌가 싶어."

"첫 번째 공동목표?"

"그래, 첫 번째 공동목표."

둘은 동시에 말문을 닫고 잠시 생각에 잠겼다. 그들이 말하는 첫 번째 공동목표는 일 년 전에 기린과 코끼리가 하나의 무리를 이뤄 이곳 '엄청 넓은 초원'으로 삶의 터전을 옮겨오던 일을 의미했다. 그전까지 기린과 코끼리는 다른 초원의 양끝에서 각각의 삶을 살아가고 있었다. 그 초원은 크기가 작아 간혹 먹이 때문에 기린과 코끼리 종족 간에 사소한 다툼이 일어나는 경우도 있었다. 그때마다 싸움을 중재하던 기린과 코끼리 종족의 우두머리는 "이럴 것이 아니라 말로만 듣던 세상 어딘가에 있다는 엄청나게 넓고, 먹을 것이 넘치도록 풍족한 초원을 향해 함께 떠나자"라고 말하곤 했다.

결국 그들은 그러한 의지를 행동에 옮길 것을 합의하고 머나먼 여정을 거쳐 이곳 엄청 넓은 초원으로 함께 온 것이다. 그것이 그들이 말하는 첫 번째 공동목표였다.

"첫 번째 공동목표를 달성할 때도 하루하루가 정신없이 바쁘고 어려운 문제가 산더미처럼 쌓였지만, 그때는 누구도 지금처럼 '바쁘긴 한데 내가 하는 일의 의미가 뭐지?'라거나 '우리의 목표가 무엇일까?'라며 한숨을 쉬지는 않았어."

"당연하지. 험난한 길을 걸어 이곳 초원을 찾아야 했

고 또 너희 코끼리들과 함께 이동하며 새로운 삶의 방식을 세워가느라 정신이 없어서 의미나 목표를 고민할 새가 없었지."

"하루하루 먹이를 구하느라 바쁘기는 지금도 마찬가지고, 기린과 코끼리가 어울려 살아가면서 생길 수밖에 없는 여러 문제를 해결해야 하는 것도 여전하잖아."

들고 보니 그도 그랬다. 전보다 더 바빠진 것도 없었고 뚜렷하게 더욱 힘들어진 것도 없었다. 기린아는 다시 고민에 빠져들었다.

"혹시…"

고민으로 침묵에 빠져들었던 기린아를 다시 현실로 불러낸 것은 엘리코치였다.

"혹시?"

"새로운 목표가 필요한 때가 된 것은 아닐까?"

"새로운 목표? 또 다른 초원을 찾아 떠나자고? 아니면 다른 종족이랑 합쳐서 몸집을 더 불리자고?"

기린아의 말에 엘리코치는 고개를 크게 가로저었다.

"아니, 그런 눈에 보이는 것이 아니라 조금 다른 의미의 목표를 세웠으면 좋겠어."

"새로운 목표…. 그래, 어떤 게 있을까?"

엘리코치의 '새로운 목표'라는 말에 기린아는 저도
모르게 불끈 힘이 솟는 것을 느꼈다.

"이전의 목표가 우리의 생존을 위해 어쩔 수 없이 선
택한 눈에 보이는 것이었다면, 이번에 우리에게 필요한
것은 좀 색다른 목표가 되어야만 하지 않을까?"

둘 다 생각에 잠기면서 잠시 침묵이 흘렀다.

"파티!"

먼저 침묵을 깬 것은 기린아였다.

"파티? 지금 이 상황에서 무슨 파티야? 아직 터전도
제대로 가꾸지 못했고 겨울철을 보낼 먹이도 다 구하지
못했잖아. 아마 어른들께서도 허락하지 않으실 거야."

엘리코치는 고개를 설레설레 흔들었다. 그러자 기린
아가 그에게 바짝 다가와 말했다.

"내가 말하는 파티는 그런 의미의 파티가 아니야.
음… 새로운 목표를 향한 출정식이랄까 아님 선포식 뭐
그런 거지. 기린과 코끼리들의 새로운 도약을 위한 파티를 말하는 거라고!"

"새로운 도약을 위한 파티라고?"

"그래, 새로운 도약을 위한 파티! 다음 달이면 우리가 이 엄청 넓은 초원에 자리 잡은 지 딱 일 년이 되잖아. 그런데 우린 지난 일 년을 의미 있고 보람되게 보냈다고 말하기가 좀 어렵지. 이제는 무언가 과거와 다른 새 출발을 해야 하지 않을까? 그런 의미에서 온 초원의 이웃을 초대해 서로 우애를 다지고, 앞으로 우리와 함께할 미래가 어떤 모습이었으면 좋겠는지 의견을 들어보는 거지. 그리고 보다 나은 초원의 삶을 위해 새로운 아이디어를 모으는 파티를 여는 거야. 기린과 코끼리가 힘을 합쳐서 말이야."

"달콤한 과일과 엄청난 건초더미를 쌓아 놓고?"

"그렇지. 흑단나무로 무대를 만들고 색색의 꽃들로 장식을 하고."

"'끝없이 깊은 계곡Never ended Valley'에 사는 새들을 초대해서 노래를 부르게 하고."

"밤에는 반딧불들을 오라고 해서 밤하늘에 멋진 불꽃

길을 만드는 것도 좋겠다."

둘은 언제 고민에 빠졌냐는 듯 신이 나서 당장이라도 파티가 시작될 것처럼 흥겹게 주거니 받거니 파티에 대한 즐거운 상상에 빠져들었다.

"정말 좋은 생각이야. 초원의 이웃들을 초대해서 모두 하나가 되는 파티를 연다면 나름대로 의미도 있고, 준비 과정 자체가 새로운 목표가 되어 모두들 다시 힘을 얻을 수 있을 거야. 파티를 준비하는 과정에서 우리 모두 즐거운 열정과 에너지를 나눌 수 있을 거야."

"자, 이럴 게 아니라. 얼른 기린과 코끼리들을 불러 모으자. 준비해야 할 것이 한두 가지가 아닐 텐데."

"그래, 파티하자!"

담대한 목표

1

왜 아무도 없지?

분명 날마다 모여서 파티 계획을

짜기로 했는데 …

D-30일 **가슴 뛰는 목표를 세워라**

"자, 다 모였니?"

엘리코치가 야트막한 바위 위에 올라서서 코로 몇 번 김을 내뿜은 뒤 주의를 집중시켜 보려 했지만, '파티를 벌인다'는 소문을 듣고 한껏 들떠서 몰려든 기린과 코끼리들은 전혀 눈길조차 주지 않았다. 동물들은 삼삼오오 모여 끊임없이 수다를 떨어댔다.

사방 1미터가 넘는 넓은 야자수 잎을 날개처럼 등에 얹고 프리지아를 화관처럼 머리에 올려 한껏 멋을 부린 코끼리 한 마리가 무리의 가운데로 나서며 말했다.

"아무래도 난 파티를 위해 태어난 것 같아. 우리 할아버지가 왕실에 계실 때는 금으로 만든 온갖 장신구와 비단으로 만든 날개옷을 날마다 갈아입으며 파티에 참석하셨대. 그 끼를 물려받은 나야말로 틀림없이 이번 파티의 주인공이 될 거야. 하하하."

말을 마친 코끼리는 야자수 잎을 휘날리며 한 바퀴 휙 돌고는 혼자 공상에 빠져 멍한 표정을 지어보였다. 그 모습을 보던 다른 기린과 코끼리들은 어이없다는 표정을 지으며 한바탕 폭소를 터뜨렸다.

"아직도 왕실 타령을 하다니…. 그 까마득한 옛날 일을 기억하는 사람이 누가 있니? 나야말로 파티를 위해 태어난 몸이라고. 이 우아하고 긴 목과 쭉 뻗은 다리를 봐. 이번 파티의 주인공은 분명 내가 될 거야."

기린 하나가 한쪽 다리를 쭉 뻗으며 우쭐대자, 다른 기린이 그 앞을 막아서며 윽박을 질렀다.

"다리 길이로 치면 내가 더 길고 환상적이지. 거기다 내 목소리를 들어봐. 까마득한 산에 살고 있다는 그 '환상의 목소리'의 노래에도 전혀 뒤지지 않는 노래를 부를 수 있다고. 한번 들어 볼래?"

아무도 청하지 않았지만, 말을 마친 기린은 혼자 노래를 불러댔다.

한번 들으면 그 목소리에 빠져들어 시간가는 줄 모르고 듣다가 길을 잃고 그대로 까마득한 산에 갇혀 버리게 한다는 '환상의 목소리'보다 자신이 더 낫다며 노래를 불렀지만, 기린의 목소리는 심하게 갈라지고 음정과 박자도 제멋대로였다. 기린과 코끼리들 사이에서는 킥킥대는 비웃음소리가 조금씩 새어나오다 이내 도저히 못 참겠다는 듯 커다란 웃음소리가 터져 나왔다. 몇몇은 눈물까지 찔끔거리며 데굴데굴 굴렀다.

"너희들 조용히 하지 못해!"

끝없이 이어질 것 같던 소란스러움 속에서 갑자기 높고 날카로운 목소리가 들려왔다. 그제야 여기저기 모여 떠들어대던 코끼리와 기린은 수다를 멈추고 목소리가 들리는 곳을 향해 고개를 돌렸다. 그곳에는 어딘지 모르게 우아한 자태가 돋보이는 기린이 서 있었다. 개울가에서 엘리코치와 함께 파티를 열자는 데 의견을 모은 기린 아였다.

기린과 코끼리들은 낮은 목소리로 수군댈 뿐 아까처럼 신이 나서 떠드는 동물은 없었다. 소란이 가라앉자 엘리코치가 기린아에게 가볍게 고개를 숙여 감사의 뜻을 표한 뒤, 다시 바위 위로 올라서서 좌중을 둘러보며 입을 열었다.

"모두 모였니?"

"응."

"그래."

"나 왔어."

"나도 왔다고."

기린 하나가 대답하기가 무섭게 코끼리, 기린 할 것 없이 줄지어 대답하기 시작하자 또 다시 무리가 들썩이며 소란스러워졌다. 그때 기린아가 큰 눈을 낮게 깔고 분위기를 주도하며 떠드는 코끼리와 기린들을 노려보자, 다시금 소란은 잦아들었다. 바위 위에 서서 난감해하던 엘리코치는 다시 한번 목소리를 가다듬고 얘기를 시작했다.

"모두들 조용히 해. 오늘 너희들을 모이라고 한 이유는…"

"알아, 엘리코치! 파티를 하려는 거지? 하하하하하."

다른 코끼리보다 확연하게 키가 작은 엘리펀이 말을 톡 끊으며 나섰다가 바위 위에 서 있던 엘리코치와 기린아가 동시에 노려보자 고개를 푹 숙이고 뒷걸음치며 무리 속으로 숨어들었다. 연거푸 말을 끊긴 엘리코치는 아까보다 몇 배나 빠른 속도로 이야기를 이어갔다.

"그래, 방금 엘리펀의 말대로 파티를 하려고 해."

엘리코치의 말이 끝나기가 무섭게 기린과 코끼리들이 동시에 함성을 지르기 시작했다.

"야호! 매일 바쁘게 일만 하느라 지쳐 있었는데 모처럼 초원생활에 낙이 생겼어. 신나게 즐겨야겠다."

"신난다. 머리장식에 쓸 꽃을 따러가야지."

"난, 지금부터 춤 연습을 해야겠어."

"나는 오늘부터 요리에 쓸 재료를 모아야겠다. 이맘때쯤에 최고로 맛있는 나무꼭대기에만 피어나는 새순요리를 선보여야지."

엘리코치는 도저히 감당하기 어렵다는 듯 고개를 절레절레 흔들며 기린과 코끼리들의 왁자지껄한 소음을 말없이 듣고 있었다. 참다못해 조금 뒤로 빠져 있던 기린아가 나섰다.

"조용히 좀 못 하겠니! 어른들도 와 계시는데 버릇없이 이게 뭐야!"

그 말에 기린과 코끼리들은 인자한 표정으로 담담하게 자신들을 바라보고 있는 어른들의 시선을 느끼며 조용히 입을 다물었다.

그때 기린아가 나서서 말했다.

"그래, 너희들 말대로 요즘 우리가 너무 바쁘게 달려
오느라 많이 지쳐 있었던 것 같아. 이 초원에 자리 잡은
지 일 년이 되어가지만 아직도 바뀐 삶과 환경에 적응하
지 못한 기린과 코끼리도 있는 것 같고…. 기린과 코끼
리가 하나가 되어 살아가는 것을 편하게 생각하지 못하
는 기린과 코끼리도 있는 것 같아. 그뿐 아니라 우리는
아직 이 새로운 초원의 다른 동물들과 원활한 관계를 맺
지 못하고 있어."

조금 높은 목소리로 기린아가 속사포처럼 이야기하자 기린과 코끼리들은 누구도 끼어들 생각을 하지 못하고 잠자코 듣고 있었다.

"그래서 어제 저녁에 나와 엘리코치가 어른들을 찾아 뵙고 그 문제를 의논했고, 결국 초원의 모든 이웃을 초대해 성대한 파티를 열기로 한 거야."

엘리코치에 이어 기린아도 파티를 하겠다고 선언하자 기린과 코끼리들은 제자리에서 폴짝폴짝 뛰며 환호하기 시작했다.

"야호! 정말 파티를 하는구나!"

"잘됐다, 정말 잘됐어!"

그들이 한꺼번에 뛰는 울림에 까마득히 멀리 보이는 나무 위의 새들조차 놀라 날아갈 지경이었다.

"그런데 한 가지 조건이 있어."

갑자기 엘리코치가 나서서 한마디 툭 내뱉자, 수다와 쿵쿵 발을 굴리는 소리가 한데 섞인 엄청난 소음이 거짓말처럼 뚝 그쳤다.

"조건? 무슨 조건?"

기린과 코끼리들은 소란을 멈추고 엘리코치를 뚫어지게 바라보았다.

"어른들께서는 아직 완전한 정착이 이루어지지 않은 이 바쁜 시기에 파티를 여는 것에 대해 한 가지 조건을 거셨어."

"그게 뭔데?"

무리 중 가장 앞장서서 소리치며 신이 나서 뛰어오르던 엘리펀이 김이 샜다는 표정으로 엘리코치에게 물었다. 그를 신호로 다른 기린과 코끼리도 "조건?", "무슨 조건을 말하는 거지?", "신나게 놀아야 한다는 조건?" 하고 한마디씩 하며 서로를 쳐다보았다.

그 모습을 보며 잠시 뜸을 들이던 엘리코치가 다시 이야기를 이어갔다.

"어른들께서는 기린과 코끼리가 이곳에 함께 자리를 잡은 이후 처음으로 초원의 모든 이웃을 초대하는 파티이니, 우리가 이전 초원에서 간혹 열었던 파티와는 차원이 다른 '깊은 의미를 주는 파티'를 준비하면 파티를 허락한다고 하셨어."

침을 꼴깍이며 엘리코치의 입에서 나올 대답에 긴장하던 기린과 코끼리들은 어이없다는 듯 피식 웃음을 터뜨렸다.

"차원이 다른 깊은 의미를 주는 파티라고? 그거 간단하잖아. 그게 무슨 조건이야! 하하하!"

"난 또 뭐라고. 차원이 다른 파티를 준비하는 거야 내 전문이지!"

잠시나마 긴장했던 기린과 코끼리들은 아까보다 더 기세가 등등해서 떠들어댔다.

그날 이후,

기린과 코끼리들이 자주 모이곤 했던 초원 한가운데의 들판에는 어찌된 일인지 정오가 다 되도록 단 한 마리의 기린도 코끼리도 보이지 않았다.

간혹 기린이나 코끼리 한 마리가 수풀에서 나와 두리번거리며 다른 기린이나 코끼리를 찾다가 다시 수풀 속으로 냉큼 도망치듯 들어갔고, 오후가 지나고 해가 기울도록 기린이나 코끼리의 모습을 볼 수가 없었다.

그런데 한참 전부터 그 들판이 훤히 내려다보이는 '낮고 낮은 돌산Low Low Rock-Hill' 위에 서서 걱정스럽게 아래를 보고 있던 기린과 코끼리가 있었다.

기린아와 엘리코치였다.

"오늘도 아무도 오지 않았지?"

한동안 이어진 침묵을 깨고 기린아가 입을 열었다.

"응."

엘리코치는 뭔가 미련이 남는 듯 계속 들판을 뚫어져라 쳐다보며 낮고 무거운 목소리로 짧게 대답했다. 기린아가 아쉽다는 듯 입맛을 쩝쩝 다시며 말했다.

"오늘로 일주일째인데."

"응."

역시 낮은 목소리로 엘리코치가 짧게 말했다.

파티를 열기로 결정한 날, 그들은 헤어지면서 앞으로 일주일 동안 아침 일찍 모여 어른들이 파티를 허락해줄 만한 '깊은 의미를 주는 파티'를 계획하기로 약속했다. 그런데 일주일이 다 지나도록 제시간에 나오는 기린이나 코끼리는 한 마리도 없었다. 대신 동물들은 늘 하던 대로 해가 뜨면 일어나 슬슬 눈치를 보다가 초원을 떠돌아다니며 풀을 뜯거나 나무를 넘어뜨려 담장을 만들고 잎을 모으는 등 평소에 하던 일만 계속했다.

약속대로 계획을 세우기 위해 모이는 동물은 없었다.

기린아는 더 이상 엘리코치에게 말 거는 것을 포기하고 멍하니 텅 빈 들판을 바라보고 있었다. 어느덧 까마득한 산 너머로 해가 붉은 얼룩을 남기며 저물고 있었다.

"오늘이 일주일째 되는 날 아닌가?"

잠시 생각에 잠겨 있던 기린아와 엘리코치는 갑자기 등 뒤에서 들려오는 목소리에 깜짝 놀라 뒤를 돌아보았다. 그곳에는 기린들의 웃어른인 기라성과 코끼리들의 웃어른인 엘리멘토가 서 있었다.

"오늘까지 파티 계획을 세워서 보여줄 거라고 하지 않았니? 파티를 포기한 모양이네."

부드럽지만 단호한 엘리멘토의 말에 기린아가 깜짝 놀라 정색을 하며 나섰다.

"아니, 아닙니다. 포기라니요? 저희가 거창한 계획을

준비하다 보니 시간이 좀 걸리는 것뿐이라고요. 안 그래? 엘리코치!"

엘리코치도 당황해서 기린아를 거들고 나섰다.

"들어보시면 깜짝 놀라실 거라고요. 어마어마한 계획을 준비하고 있어요."

평소와 달리 기린아와 엘리코치가 호들갑을 떨며 엄청난 파티 계획이 있다고 말했지만, 기라성과 엘리멘토는 별다른 반응 없이 조금 전까지 기린아와 엘리코치가 보고 있던 들판 쪽을 바라보았다. 한참 떠들어대던 기린아와 엘리코치도 두 어른의 모습을 보고는 조용히 들판 쪽을 바라보았다. 얼마나 시간이 지났을까? 먼저 침묵을 깬 것은 엘리멘토였다.

"왜 아무도 없지? 분명 날마다 모여서 파티 계획을 짜기로 했던 걸로 아는데?"

"그게 저…"

엘리코치가 얼른 변명을 하려고 했지만 평소의 인자한 모습은 오간데 없이 차갑고 단호한 표정으로 자신을 뚫어지게 바라보는 엘리멘토의 눈빛에 질려, 둘러대는 것을 포기하고 조용히 고개를 숙였다.

"기린아, 네가 대답해 볼래? 다른 기린과 코끼리들은 어디로 갔지?"

엘리코치 옆에서 함께 고개를 숙이고 있던 기린아가 살며시 고개를 들고 엘리멘토를 바라보았다가 두려움에 눈도 마주치지 못한 채 애써 긴 목을 휘휘 돌려 까마득한 산을 바라보며 남 이야기하듯 말했다.

"아마 평소처럼 늦잠을 자다 일어나서 풀을 뜯거나 진흙 목욕을 하러 갔을 겁니다."

"날마다 하기로 한 회의는 어떻게 하고?"

옆에 있던 기라성이 물었다. 이번에는 대답을 하던 기린아가 고개를 푹 숙였고, 대신 이제까지 아무 말도 못하던 엘리코치가 대답을 이어갔다.

"아마 모두 잊었거나 기억하고 있는 몇몇도 늘 하던 일이 아니니까 평소의 모습대로 제각각 흩어진 것 같습니다."

엘리코치의 대답에 계속 질문을 하던 기라성과 엘리멘토는 잠시 생각에 잠겼다.

"저희도 답답해요. 모두가 파티를 원했고… 그래서 모두들 열심히 해줄 거라 믿었는데… 처음부터 아무도… 흑흑…"

갑자기 기린아가 눈물을 뚝뚝 흘리기 시작했다. 평소 영민하기로 소문난 기린들 중에서도 가장 똑똑하고 딱 부러진 성격이라 가시덤불에 휘감겨도 피 한 방울 나지 않을 것 같던 기린아가 갑작스럽게 눈물을 보이자 엘리코치는 물론 다그치던 기라성과 엘리멘토도 적잖이 당황스러워했다.

이윽고 굵은 눈물을 떨어뜨리던 기린아가 울음을 그치고 감정을 추스르기 시작했다.

"죄송합니다. 너무 속상하고 답답해서요. 미안하다, 엘리코치."

그러자 옆에 있던 엘리코치가 긴 코를 이용해 기린아의 등을 쓰다듬으며 말했다.

"나도 울고 싶은 심정이야."

엘리코치는 고개를 돌려 낮은 목소리로 어른들에게 물었다.

"도대체 왜 모두들 그토록 하고 싶다던 파티를 준비하는 일에 동참하지 않는 것일까요?"

"늘 하던 일이 아니니까."

격한 감정이 섞인 엘리코치의 질문에 어울리지 않게 기라성의 입에서 나온 대답은 간단하기만 했다. 대답이 간단한 만큼 기린아와 엘리코치는 그 뜻을 선뜻 이해하기가 쉽지 않았다. 고개를 갸우뚱하는 기린아와 엘리코치를 바라보던 엘리멘토가 살짝 미소를 지으며 말했다.

"살아있는 것은 모두 그 생명을 유지하기 위해, 별다른 변화 없이 이제껏 살아왔던 대로 쭉 살아가기를 원하지. 항상 가던 길로 가고자 할 뿐, 새로운 도전을 선택해 아무도 가지 않은 길로 가려 하지 않아. 그걸 바꾸기 위해서는 늘 하던 방식이나 다니던 길로 가는 것보다 훨씬 더 강한 자극이 필요하단다. 너희도 요 며칠 평소보다 일찍 일어나 이곳 초원으로 나오기가 힘들었잖니?"

생각해보니 엘리코치와 기린아도 책임감 때문에 새벽같이 일어나 기린, 코끼리들과 만나기로 한 들판에 나오기는 했지만 머리 한쪽에는 늘 놀러가곤 했던 진흙 웅덩

이와 건초, 과일이 널려 있는 수풀이 맴돌았던 것이 사실이다.

"그래서 어떤 집단이나 일에는 리더가 필요한 거란다. 리더는 그 무리가 나아가야 할 방향을 정하고 그에 대한 책임을 져야 하지만, 무엇보다 그 무리가 주어진 환경에서 가장 좋은 방향으로 변화할 수 있도록 '첫 영향력'을 발휘해야 하지."

엘리멘토의 이야기에 이어 기라성이 입을 열었다.

"그 첫 영향력을 발휘한 후에는 계속해서 아주 작은 것으로부터 시작해 서서히 이제까지 해오던 것과 다른 방법들을 찾아나가야 하는 것이 리더의 또 다른 역할이란다."

생전 처음으로 그런 이야기를 듣게 된 기린아와 엘리코치는 머릿속이 한없이 복잡해졌다. 어쨌든 파티를 여는 것은 이제 물 건너간 얘기가 되고 말았다. 약속한 오늘까지 어른들이 납득할 만한 '깊은 의미를 주는 파티' 계획도 짜지 못했고, 어떤 기린과 코끼리도 말로만 찬성할 뿐 적극적으로 참여하는 분위기가 아니라는 것을 적

나라하게 보여주고 말았으니 할 말이 없었다.

　결정이 되고 나니 차라리 속이 후련했다. 하지만 기린
아와 엘리코치는 알 듯 모를 듯한 미련이 남아 다시 한
번 텅 빈 들판을 바라보았다.

　"오늘까지 파티 계획을 세워 알려주기로 했었지?"

　엘리멘토가 먼저 입을 열었다. 어른들은 '파티 여는
것을 허락할 수 없음'을 공식화하려는 듯했다. 기린아가
체념한 듯 고개를 푹 숙이며 대답했다.

　"네."

　"파티 계획을 세우지도 못했니?"

이번엔 기라성이 물었다.

"네, 세우지 못했습니다."

엘리코치 역시 고개를 숙이며 대답했다. 불현듯 눈 주위가 시큰거리며 촉촉해짐을 느꼈다. 아쉬움 때문이었을까? 엘리코치는 눈물이 흘러내리지 않도록 애써 고개를 쳐들었다. 그때, 기라성과 엘리멘토가 둘을 바라보며 빙그레 웃고 있는 모습이 보였다.

'착각이었을까?'

그 순간, 기라성의 인자한 목소리가 들려왔다.

"너희들의 모습을 보아하니 오히려 파티를 열어야겠다는 생각이 드는구나."

그 소리에 깜짝 놀란 기린아와 엘리코치가 기라성과 엘리멘토가 있는 쪽을 쳐다보았다.

엘리코치가 보았던 것은 착각이 아니었다. 아까까지만 해도 약속을 지키지 못한 기린아와 엘리코치에게 엄한 표정을 지어보이던 기라성과 엘리멘토는 인자한 표정으로 기린아와 엘리코치를 바라보고 있었다.

"하지만 저희는 파티 계획을 세우지도 못했는데…"

"그러니까 더욱 파티를 해야겠다는 생각이 드는구나. 이번 파티를 통해 너희 둘은 물론 기린과 코끼리들이 서로 몰랐던 점을 배울 수 있을 게다. 서로 다른 두 종족이 만나 공동목표를 추구하다 보면 어느 정도 희생과 헌신이 따르게 되지. 동시에 갈등과 고민도 늘어나지만 다름과 차이 속에서 다양한 시너지가 나오면서 엄청난 에너지를 발산할 수도 있단다. 더욱 중요한 것은 더불어 살아가면서 세상과 호흡하는 방식은 물론 각자의 강점과 재능을 살려 함께 일하는 방식을 배우게 된다는 점이다."

엘리멘토가 아까보다 더 환한 미소를 지으며 말했다. 전혀 생각하지 못했던 결정에 기린아와 엘리코치는 어안이 벙벙해졌다.

"자, 다시 시간을 줄 테니 얼른 계획을 세우도록 해라. 준비해야 할 것이 많을 게야. 다시 한번 말하지만 이 힘든 시기에 너희에게 파티를 열도록 허락해주는 데는 그만한 이유가 있기 때문이야."

옆에 서 있던 기라성 역시 활짝 웃으며 말했다.

'세상과 호흡하는 방식이 뭐지? 함께 일하는 방식이라…?'

기린아와 엘리코치의 마음속에는 여전히 의문이 남았지만, 왠지 두 웃어른의 말 속에 의미심장한 메시지가 들어 있는 것 같았다.

"이번 파티를 통해 기린과 코끼리들이 앞으로 살아갈 '길'에 대해 많이 배우리라 생각하고 허락해준 것이니 철저히 준비해서 초원의 모든 동물이 하나가 되는 자리를 마련해보도록 해라."

아직도 뭐가 뭔지 감을 잡지 못한 기린아와 엘리코치는 그 자리에 우두커니 서서 기라성과 엘리멘토를 빤히 쳐다보고 있었다. 그런 둘을 보며 엘리멘토가 정신 차리라는 듯 일부러 목청을 높여 채근했다.

"어서 기린과 코끼리들에게 소식을 알리지 않고 뭐하고 있니? 당장 지금부터 준비해야 할 것이 한둘이 아닐 텐데?"

그제야 조금 정신이 돌아온 기린아와 엘리코치는 초원 어딘가에서 늘 하던 대로 진흙 목욕을 즐기고 있거나 늘 먹던 건초더미와 새순, 과일을 먹으며 느긋한 저녁을 즐기고 있을 동료들을 불러 모으기 위해 쿵쾅거리며 언덕을 뛰어 내려갔다.

그런 둘의 뒷모습을 바라보며 엘리멘토가 기라성에게 물었다.

"우리가 결정을 잘 내린 거겠죠?"

기라성은 곧바로 대답하는 대신 천천히 그러나 힘 있게 고개를 끄덕였다.

"파티를 열고 싶다는 얘기는 저 애들이 먼저 했지만, 그렇지 않아도 이맘때쯤 그런 이야기가 나오지 않으면 저라도 제안할 생각이었습니다."

기라성은 요즘 들어 현실에 안주해 누구도 다가오는 미래를 진지하게 걱정하거나 고민하지 않는 기린과 코끼리들을 떠올리며 다시 한번 확고한 표정으로 고개를 끄덕였다.

"맞아요. 이번 기회를 통해 애들이 많은 걸 배웠으면 좋겠어요."

엘리멘토 역시 기린아와 엘리코치의 고함소리를 듣고 하나둘 들판으로 몰려드는 기린과 코끼리들을 바라보며 말했다.

"다만, 우리가 저들에게 가르쳐줄 것은 여기까지이고 이제부터는 '그분'이 와야 더 자세한 가르침을 줄 수 있을 텐데요."

"오겠지요. 와서 우리 애들이 파티를 준비하는 일과 한 식구로서 초원에서 멋지게 살아가는 좋은 방법을 알려주겠지요."

이야기를 마친 둘은 동시에 고개를 돌려 까마득한 산을 바라보았다.
　언덕 아래 들판에서는 기린과 코끼리들이 시끌벅적하게 회의를 열고 있었다.

1. 가슴 두근거리는 목표를 설정하라!

목적지에 이르는 가장 빠른 방법은 함께 가는 것이다

힘든 여정을 통해 초원에 도착한 코끼리와 기린은 이전에 품었던 꿈과 희망을 접고 넓은 초원이 주는 안락함에 젖어 미래에 대한 도전보다 현실에 안주하는 삶을 살았다. 그러한 삶의 방식을 바꾸기 위해 엘리멘토와 기라성은 '깊은 의미를 주는 파티'를 준비하라는 도전적인 목표를 제시한다. 서로 다른 가치관과 사고방식을 지닌 두 종족이 새로운 출발을 다짐하는 출정식 같은 파티를 준비하면서 미래에 대한 새로운 비전과 방향을 함께 고민해보는 중요한 계기를 마련할 수 있을 것이라는 생각에서. 이 파티는 기린과 코끼리들이 앞으로 나아갈 '길'을 함께 모색한다는 점에서 단순한 파티가 아니라고 볼 수 있다.

존경받는 기업의 공통점 중 하나는 의사결정의 기준이자 행동규범으로 작용하는 핵심가치를 근간으로 기업 특유의 경영방식The Way을 갖고 있다는 것이다. 여기서 'The Way'란 어느 기업에서도 찾아볼 수 없는 자기 회사의 고유의 경영철학을 체계화해 모든 조직 구성원이 공유하는 비즈니스 방식을 말한다. 길을 가는 사람에게 길은 열린다! 길이 보이지 않으면 길을 찾는 노력이 부족하다고 생각하라. 남이 간 도로path, road를 빨리 따라가는 것이 아니라, 남이 가지 않은 우리 기업만의 독특한 길The Way을 가야만 기업 고유의 경영방식ways of doing business이 열린다. 다른 기업이 가지 않은 길이 바로 지름길이다. 남과 다른 길을 가지 않으면 차이를 드러낼 수 없다. 틀린 길은 없다. 다만 가는 길이 다를 뿐이다.

위대한 기업, 위대한 길

1 지금 우리 회사의 목표는 분명한가? 너무 달성하기 어려운 목표가 제시됨으로써 구성원들의 사기와 열정을 꺾고 있지는 않은가? 또는 목표가 막연해 그것을 달성하는 것이 구체적으로 어떤 의미인지 모르고 있지는 않은가? 목표를 너무 정량적으로 제시해서 구성원들 사이에 지나친 경쟁과 불신이 퍼져 있지는 않은가? 구성원의 마음을 움직이는 목표는 숫자가 아니라 숫자에 담긴 의미라는 사실을 잊어서는 안 된다.

2 모든 임직원의 의사결정기준이자 행동규범이라고 볼 수 있는 핵심가치Core Values 중심으로 조직을 변화시키는데 가장 큰 장애물은 무엇이라고 생각하는가? 이러한 장애요인을 효과적으로 극복하는 방법은 무엇인가?

3 자신만의 독특한 경영방식으로 성공적인 기업으로 각광받고 있는 Best Practices를 선정, The Way를 추진한 선진기업을 벤치마킹하고 자사 적용 방안을 논의해본다. 예를 들면 Toyota Way, GE Way, Apple Way, Microsoft Way, HP Way 등 선진기업의 독특한 경영방식을 통한 기업문화 변혁과 영속기업의 성공조건과 구체적인 실천사례를 벤치마킹하고 자사에 적용하는 방안을 논의해본다.

끝없는 신뢰

2

믿을만한 동료를 찾기에 앞서

우리 스스로 무리에게

믿을만한 대표가 되기 위해

노력해야 해.

D-23일 믿음을 얻기 위한 최고의 방법

"자, 모두 제자리에 섰지?"

코끼리, 기린들은 어설프게나마 줄을 맞춰 서서 웅성
대고 있었다. 낮게 깔린 엘리코치의 목소리는 그 소리에
묻혀 잘 들리지 않았다.

"자, 그만 떠들고! 다들 자기 자리 찾아서 서 있는 거
맞지?"

기린아의 날카로운 목소리를 듣고 나서야 기린과 코
끼리들은 제각각 대답을 하거나 코와 목을 흔들어 알아
들었다는 신호를 보내왔다. 조금씩 분위기가 정리되자

엘리코치가 다시 입을 열었다.

"지난 한주 동안 고생고생해서 대략적인 파티 계획은 완성했어. 다행히 어른들께서 우리가 약속을 어겼음에도 파티를 열도록 허락해주셨으니 우리는 더욱 파티를 훌륭히 치를 수 있도록 만반의 준비를 해야 해."

기린과 코끼리들 중에는 파티 계획을 세우자는 약속을 지키지 못한 것에 미안함을 느끼는 무리도 있었고, 파티를 열게 되었다는 것이 마냥 좋은지 헤벌쭉 웃는 무리도 있었다. 물론 그냥 즐기면 됐지 뭐 이렇게 복잡하게 준비해야 하느냐며 불평하는 무리도 있었다. 그런 무리의 웅성거림을 애써 무시하며 엘리코치의 지시가 이어졌다.

"줄의 가장 앞에 서 있는 동물이 각 담당분야의 대표야. 앞으로 파티가 열리는 날까지 각 대표가 책임지고 계획을 실천해야 돼."

어설프게 세워진 줄의 가장 앞에 서 있던 기린 혹은 코끼리들은 굳은 표정으로 고개를 끄덕이거나 짜증스럽다는 듯 얼굴을 찡그렸다. 유쾌한 표정으로 고함에 가까운 목소리로 대답하는 무리도 있었다. 그 모습을 바라보던 기린아는 뭔지 모를 불안감이 엄습해오는 것을 느꼈다. 고개를 돌려 옆을 보니 엘리코치도 그런 생각이 들었는지 점점 표정이 굳어가고 있었지만 애써 내색하지 않으려는 듯했다.

1년 전, 기린과 코끼리들은 초원 내외부의 험한 도전에 직면했고 결국 생존의 위협을 느껴 이곳 '엄청 넓은 초원'으로 함께 옮겨왔다. 그동안 수많은 위험도 있었고 기린과 코끼리라는 판이하게 다른 습성을 지닌 무리 간에 흔히 있을 수 있는 사고방식이나 문화의 차이에 따른 다툼도 있었다.

그러나 그 모든 것을 이겨내고 이제는 기린의 영민함과 코끼리의 듬직함이 한데 어울려 초원 최고의 팀이 되어 있었다. 이에 따라 스스로에 대한 자부심과 만족감이 그 어느 무리보다 강했다. 그런데 그러한 무리를 앞에 두고 기린아도 엘리코치도 왠지 모를 불안감에 사로잡히고 있었다.

엘리코치는 잠시 착잡함에 젖었다가 고개를 힘껏 좌우로 가로저은 뒤 다시 힘을 내서 외쳤다.

"이제부터 전체가 모이는 회의는 가급적 줄이고, 각 대표들을 통해 파티 준비에 관한 지시가 이루어질 거야."

엘리코치가 느끼는 불안감과 똑같은 느낌에 사로잡혀 잠시 처져 있던 기린아도 힘을 내려는 듯 평소보다 높은 목소리로 말했다.

"각 대표들은 담당분야를 꼼꼼하게 챙기고 날마다 해질녘에 이곳에서 회의를 열 테니 그때 준비 상황을 말해주면 좋겠어."

그런데 기린아의 말에 앞줄에 서 있던 기린과 코끼리들 중 누구도 자신 있게 대답하는 동물이 없었다.

"알겠니?"

이번에는 엘리코치가 물었지만 역시 대답이 없었다.

"왜 대답이 없는 거야? 알겠냐고!"

그제야 하나둘씩 기어 들어가는 목소리로 대답하기 시작했다. 왠지 자신 없는 목소리였다. 그들의 힘없는 대답에 엘리코치와 기린아의 불안감은 커져만 갔다.

일주일이 흐른 뒤, 처음으로 파티의 분야별 대표들이 한자리에 모였다. 다행히 모두들 약속시간을 지켰고 오히려 몇몇은 약속시간보다 먼저 들판으로 나와 이런저런 이야기를 나누고 있었다. 그러나 표정은 그다지 좋지 않았다. 대표들의 회의를 주관하는 기린아가 돌무더기를 딛고 올라섰다.

"다 모였으면 지난 일주일간 분야별로 준비한 것에 대해 이야기해보자."

기린아가 운을 뗐지만, 한참이 지나도록 입을 여는 동물이 아무도 없었다.

"엘리펀, 왜 아무 말도 하지 않는 거야?"

기린아가 가장 앞줄에 서 있는 엘리펀을 지목해서 물었지만 역시 묵묵부답이었다. 이번에는 뒷줄에 서 있던 기특한을 채근했다.

"기특한, 파티 장소를 장식할 준비는 잘하고 있니?"

그러나 기특한도 대답이 없기는 마찬가지였다. 기린아가 회의를 주관하는 것을 뒤에서 지켜보던 엘리코치는 은근히 화가 나기 시작했다. 문득, 일주일 전 느꼈던 알 수 없는 불안감이 다시 밀려오기 시작했다.

"왜들 대답이 없는 거야? 무슨 문제라도 있어?"

온 초원이 울릴 듯한 엘리코치의 고함에도 기린과 코끼리의 대표들은 아무런 대답이 없었다.

그때, 파티에 쓰일 음식을 맡은 엘리푸드가 조심스럽게 입을 열었다.

"사실 오늘 회의는 할 필요가 없었어."

뜬금없는 그의 이야기에 엘리코치와 기린아는 깜짝 놀랐다.

"그게 무슨 말이야?"

"일찌감치 말하려고 했는데…"

기린아가 다그쳐 묻자 엘리푸드는 움찔해서 머뭇거렸다. 그러나 일단 말문이 터지자 기린과 코끼리의 대표들은 머뭇거림 없이 이야기를 털어놓기 시작했다.

"더 이상 대표노릇을 못하겠어."

"누구 하나 믿고 일을 맡길 녀석이 없어."

"하나부터 열까지 내가 일일이 확인하고 살피지 않으면 일이 진행되지 않으니…. 이럴 거면 차라리 나 혼자

도맡아 해버리고 마는 게 낫지 싶어."

"정말 믿을 녀석이 하나도 없어."

"어찌나 책임감이 없는지…"

"우리의 신뢰감에 금이 간 지 오래된 것 같아."

이제는 기린아나 엘리코치가 끼어들 틈도 없이 기린과 코끼리 대표들의 푸념이 꼬리를 물고 이어졌다.

"단 한 녀석이라도 믿을 만하면 일을 좀 시키겠는데, 눈에 띄는 녀석이 하나도 없다니까!"

"나도 그래. 믿을만한 녀석이 없어!"

그때였다.

어디선가 조용하지만 힘 있고 감미롭지만 예리하며 날카롭지만 한없이 부드러운 노래가 들려오기 시작했다. 처음에는 자신들이 내는 소음에 묻혀 그 노래를 듣지 못하던 기린과 코끼리들은 하나둘씩 그 노래에 도취되어 입을 다물기 시작했다. 어느새 그 노래는 바로 옆에서 나는 것처럼 커다랗게 들려왔다.

엘리코치와 기린아도 그 노래에 매혹돼 말없이 듣고

만 있었다. 어딘가에서 들려오는 그 노래는 한참이 지난
후에 멈췄다. 그래도 들판은 조용하기만 했다. 조용한
들판 위로 아까 그 노래의 주인공인 듯한 목소리가 들려
왔다.

"불평들은 다 끝났나요?"

아직까지도 노래에 취한 듯한 기린과 코끼리들은 말 없이 멍한 표정으로 서 있었다. 가장 먼저 정신을 차린 것은 엘리코치였다. 그는 고개를 몇 번 저은 뒤 소리가 나는 곳을 향해 외쳤다.

"누구시죠?"

엘리코치의 말에 대답하지 않은 채 다시 그 아름다운 목소리가 물었다.

"불평의 파티는 다 끝났나요?"

이번에는 뒤이어 정신을 차린 기린아가 소리쳤다.

"누구신데 저희 일에 참견이신가요? 모습을 드러내시죠!"

그러나 그 목소리는 기린아의 요청에도 아랑곳하지 않고 자신이 할 말만 했다.

"불평이 끝났으면 저와 이야기를 하고, 아직 불평이 끝나지 않았으면 다음에 오도록 하죠."

엘리코치가 소리가 나는 곳을 찾기 위해 이리저리 고개를 돌리며 외쳤다.

"이제 불평은 어느 정도 끝난 듯합니다. 누구신지는

모르겠지만 장난은 그만두고 모습을 드러내시죠."

불평이 끝났다는 말이 나오기가 무섭게 공중에서 무언가가 쏜살같이 내리 꽂히기 시작했다. 평소 무리 중에서 가장 대담하기로 유명한 엘리코치였지만, 움찔하고 눈을 질끈 감을 수밖에 없었다. 그러나 눈을 떠보니 작고 파란 것이 자신의 어깨 위에 있었다. 긴 코로 몇 번 눈을 비비고 쳐다보니 새였다. 아까 하늘에서 노래를 부르던 것도, 자신이 묻는 말에 대답하지 않고 약을 올리던 것도, 하늘에서 무섭게 내리 꽂혀 천하의 엘리코치가 눈을 질끈 감게 만들었던 것도 모두 이 자그마한 파란 새였던 것이다.

엘리코치는 은근히 부아가 치밀었지만, 파란 새의 모습에서 함부로 할 수 없는 묘한 위압감이 느껴져 예의를 다해 조심스럽게 물었다.

"누구시죠?"

묻기가 무섭게 자그마한 입에서 구슬 굴러가듯 맑은 목소리의 대답이 흘러나왔다.

"매번 그렇게 제 이름을 입에 올리고도, 제 노래를 흥

내 내고도 아직 제가 누군지 모른단 말이에요?"

엘리코치는 더더욱 이 새의 정체를 알 수가 없었다. 궁금함에 빠진 엘리코치가 짓는 표정이 우습다는 듯 파란 새는 짧게 깔깔거리다가 이야기를 이어갔다.

"저는 당신들이 그토록 목소리를 듣고 싶어 하던, 까마득한 산에 살고 있는 환상의 목소리입니다!"

환상의 목소리라는 말에 기린과 코끼리들 사이에 작은 소란이 일었다.

"내가 살아서 저 목소리를 듣게 되다니, 이게 꿈인가 생시인가?"

초원에 살고 있는 동물들에게 까마득한 산에 살고 있다는 환상의 목소리는 그만큼 대단한 존재였다. 그의 노래를 한번이라도 듣는 것이 평생의 소원인 동물도 많았다. 기린아와 엘리코치도 잠시 그 이름값에 도취되어 넋을 놓고 있다가 문득 궁금한 것이 생각나 정신을 차리고 물었다.

"그런데 여긴 어떻게 오셨죠? 당신은 절대로 까마득한 산을 떠나는 법이 없다고 들었는데…"

엘리코치의 어깨 위에 앉아 있던 환상의 목소리는 천천히 부드럽게 날갯짓을 해서 하늘로 날아오르며 말했다.

"기라성 님과 엘리멘토 님으로부터 연락을 받았지요. 여러분이 초원의 모든 식구를 초대해 파티를 열려고 하는데 좀 도와달라고…"

그제야 기린과 코끼리들은 환상의 목소리가 그곳에 온 이유를 알게 되었다. 어쨌든 대부분의 기린과 코끼리는 환상의 목소리의 음성을 실제로 듣고 있다는 사실에 감격하고 있었다.

"기라성 님과 엘리멘토 님께서 '환상의 목소리' 님을 초원으로 모신 거로군요. 음성을 직접 들으니 온 초원의 동물이 왜 그 목소리를 '환상적'이라고 하는지 알 것 같습니다."

기린 한 마리가 앞으로 나서며 감격에 겨운 목소리로 말했다.

"제가 기라성 님과 엘리멘토 님으로부터 부탁받은 것은 파티 날 노래를 불러 분위기를 돋워달라는 것이었는데, 지금 보니 여러분에게는 다른 도움이 필요한 것 같군요."

엘리코치와 기린아는 자신들의 문제를 생각해내고 깊은 한숨을 내쉬었다.

"무슨 문제지요? 아까 늘어놓던 불평들과 관련된 것인가요?"

둘은 말없이 고개를 끄덕일 뿐 더 이상 대답하지 못했다. 다른 기린과 코끼리들도 마찬가지였다.

"엿들으려고 한 건 아니고 우연히 듣게 되었어요. 믿을만한 기린과 코끼리가 많지 않다고 걱정을 하던데, 그것이 여러분의 가장 큰 고민인가요?"

그 물음에 기린과 코끼리들은 하나로 맞춘 듯 고개를 끄덕였다. 환상의 목소리는 빙그레 웃더니 무리의 정중앙으로 날아가 말했다.

"여러분, 제 노래를 듣고 어땠나요? 괜찮았나요?"

그 물음에 잠자코 있던 기린과 코끼리들이 다시 활력을 찾아 소리쳤다.

"괜찮다 뿐인가요? 최고였어요, 최고!"

"맞아요, 완벽했어요!"

환상의 목소리는 살짝 고개를 숙여 감사의 뜻을 표하고는 이야기를 계속했다.

"고마워요. 저 까마득한 산에는 저 말고도 수많은 새가 있지요. 하지만 초원의 동물들에게 박수를 받으며 좋은 평가를 받는 새는 몇 마리 안 됩니다. 왜 그럴까요?"

잠시 활력을 찾았던 기린과 코끼리들은 갑작스런 질문에 저마다 머리를 맞대고 고민에 빠져들었다. 환상의 목소리는 대답을 기다리지 않고 곧바로 다음 질문을 이어갔다.

"여러분이 만약 저와 같은 새라고 생각해보세요. 제 노래를 듣고 초원의 동물들이 박수를 치며 좋아하도록 만들려면 어떻게 해야 할까요? 한번 생각해보세요."

환상의 목소리는 이 말만 남겨놓고 다시 하늘 위로 날아가 버렸다.

기린아와 엘리코치도 깊이 생각해보았지만 뾰족한 답이 떠오르지 않았다. 그것은 다른 기린과 코끼리 대표들도 마찬가지였다.

"일단 노래를 잘 불러야 하지 않을까?"

코끼리 하나가 침묵을 깨고 입을 열었다. 그러나 지극히 당연한 그 말을 듣고 모두들 어이없다는 표정을 지었다. 그 코끼리는 주변의 반응에 아랑곳하지 않고 계속 이야기를 이어갔다.

"당연한 얘기지만, 그래도 맞는 말이잖아. 초원의 동물들이 노래를 좋아하도록 하려면 일단 노래를 잘 불러야 하고, 그 다음으로는 초원의 동물들이 듣기 좋아하는 노래를 불러야겠지."

그러자 옆에 있던 기린이 천천히 고개를 끄덕이며 말을 덧붙였다.

"그래, 어느 정도 일리가 있네. 그리고 아무 때나 부르는 것이 아니라 가장 필요한 시기에 노래를 해야 초원의 동물들을 매료시킬 수 있을 거야."

환상의 목소리를 통해 다소 활력을 찾았던 기린과 코끼리들은 문제가 풀릴지도 모른다는 기대와 달리, 자신들의 고민과 전혀 상관이 없는 당연한 답으로 결론이 모아지자 그만 맥이 풀리고 말았다.

그들이 다시 '환상의 목소리'가 하필 이 순간에 그런 이야기를 꺼낸 이유가 무엇인지를 고민하고 있을 때 가장 장난기 많고 적극적인 엘리펀이 입을 열었다.

"환상의 목소리 님이 하신 얘기는 우리가 지금 하고 있는 고민과 별로 상관이 없는 것 같아. 괜히 우리가 환상의 목소리 님이 그냥 하신 얘기에 지나치게 신경 쓰고 있는 것은 아닐까? 지금 우리가 고민해야 할 것은 '어떻게 하면 노래를 잘 부를까?'가 아니라 '어떻게 하면 믿을만한 동료를 구할까?'라고."

그 말에 다른 기린과 코끼리들은 수긍한다는 듯 고개를 끄덕였다.

그때였다. 기린과 코끼리 무리 중에서 머리가 좋기로 유명한 기특한이 무언가를 깨달은 듯 입을 열었다.

"우리는 조금 전까지만 해도 '어떻게 하면 믿고 일을 맡길 동료를 구할 수 있을까?'에 대해 고민하고 있었어. 맞지?"

모두 고개를 끄덕였다.

"내가 어디선가 들은 얘기인데, 정말로 노래를 잘하는 새들은 노래를 부를 때 '어떻게 하면 초원의 동물들이 박수를 치고 환호하도록 만들 수 있을까?'를 고민하지 않는대. 그저 잘 부르고 듣기 좋게 부르고 때에 맞춰 부르면 박수는 저절로 나오는 법이라고 하더군."

기특한은 자신이 깨달은 것을 최대한 자세하고 자상하게 설명하려는 듯했지만, 그곳에 모인 어느 기린과 코끼리도 기특한의 이야기와 자신들의 고민이 어떻게 연결되는지 깨닫지 못하고 있었다.

기특한은 찬찬히 설명하기 시작했다.

"환상의 목소리 님이 오시기 전 우리는 믿을만한 동료가 없다고 불평했지만, 반대로 우리가 그들에게 믿을만한 대표였는지를 먼저 고민했어야 하는 것 아닐까? 혹시 노래는 제대로 부르지 않으면서 초원의 동물들로부터 박수만 받고 싶어 하는 일부 못난이 새들처럼 바보 같은 생각을 한 것은 아니었을까?"

이 말에 기린과 코끼리들은 하나둘씩 환상의 목소리가 전해주고자 했던 메시지의 의미를 깨닫기 시작했다.

"우리는 믿고 일을 맡길만한 동료가 없다고 말하기 전에 먼저 우리가 믿을만한 대표였는지 생각해보았어야 했어. 그런 다음 아까 말한 것처럼 박수를 받을만한 노래를 불렀어야 했지. 노래를 잘 불러야 하고 듣기 좋게 불러야 하고 아무 때나 부르면 안 되었던 거야."

"그 말은…"

코끼리 대표 중 하나가 보충 설명을 기대하는 표정으로 기특한을 바라보았다.

"다른 무리로부터 믿음과 신뢰를 얻고 싶다면 먼저 자신에게 탁월한 실력이 있는지 살펴야 한다는 거지. 그런 다음 그 실력이 무리에게 알맞은 것인지 살피고 무리가 필요로 하는 적당한 때에 실력을 발휘해야 한다는 거야."

기린 무리 중 하나가 기특한 대신 대답했다. 기특한은 흐뭇한 표정으로 그를 쓰다듬으며 말했다.

"역시 영험하고 지혜롭기로 소문난 기린답군."

그 말에 대답을 했던 기린은 어깨를 으쓱하며 우쭐한 표정을 지었다. 그 모습을 보며 코끼리들은 고개를 끄덕이면서도 왠지 씁쓸한 기분이었다. 기린들이 영민하고 지혜롭다는 것은 알고 있지만, 아직까지도 그런 모습이 선뜻 받아들여지지 않았던 것이다. 코끼리들의 표정 변화를 읽은 엘리코치가 그들 모두에게 충고하듯 말했다.

"맞아. 앞으로 우리는 믿을만한 동료를 찾기에 앞서 우리 스스로 무리에게 믿을만한 대표가 되기 위해 노력해야 해. 믿음을 주고 신뢰를 쌓으려면 우선 나부터 정직해야겠지."

기린아 역시 앞으로 나서서 서로 잘난 체를 하고 있는 기특한과 아까 칭찬을 받은 기린에게 눈을 찡그려 주의를 준 뒤 말을 이어받았다.

"그래, 정직은 신뢰를 구축하기 위한 선행조건이라고 할 수 있어. 말과 행동이 다르고 약속을 지키지 않는다면 신뢰는 영원히 쌓이지 않을 거야."

그때였다.

"정말 현명하군요! 여러분은 역시 기린과 코끼리의 대표가 될만해요."

어느새 환상의 목소리가 날아와 기린과 코끼리 대표

들 사이를 날아다녔다. 그리고 그 아름다운 목소리로 기린과 코끼리 대표들에게 외치듯 말했다.

"자, 오늘부터 '주위의 믿음을 구하지 말고 여러분 스스로 믿을 수 있게 행동하라'는 말을 명심하세요!"

그 목소리는 지금까지 들어본 그 어느 노래보다 힘차고 아름답게 들렸다.

2. 최고 수준의 신뢰를 구축하라!

믿음을 얻으려면 먼저 믿음을 줘라

신뢰는 한 사람 또는 특정 조직의 일방적인 노력만으로 구축되는 문제가 아니다. 환상의 목소리가 전해주는 조언처럼 어떻게 하면 상대방으로부터 박수를 받을 수 있을지를 고민하기 이전에 내가 먼저 믿음을 주고 있는지를 성찰해볼 필요가 있다. 신뢰는 조직 내부적으로 구성원이 각자의 역할과 사명을 다할 때, 그리고 조직 외부적으로 고객을 감동시킬 수 있는 상품과 서비스를 제공한다는 믿음을 줄 때 비로소 형성된다.

믿음을 잃으면 모든 것을 잃게 된다. 믿음을 주고 신뢰를 쌓으려면 우선 나부터 정직해야 한다. 정직은 진실을 말할 수 있는 용기이자, 정도正道를 걷게 하는 흔들리지 않는 마음이다. 어떤 상황에서도 흔들리지 않는 정직함이 구성원간 또는 고객과의 관계에서 신뢰를 쌓는 원천이자 토대가 된다. 작은 틈이 거대한 둑을 무너뜨리는 것처럼 신뢰 역시 작은 틈으로부터 깨지게 된다. 원칙에 어긋나는 사소한 타협, 자신을 감추려는 작은 거짓말, 지키지 않는 약속이 신뢰를 깨뜨리는 것이다. 나아가 파트너가 원하는 상품과 서비스를 기대수준 이상으로 제공할 수 있는 실력을 갖추지 않으면 쌓였던 신뢰도 하루아침에 무너질 수 있다.

Great Questions, Great Organization

위대한 기업, 위대한 길

1 '일하기에 좋은 기업Great Place to Work'의 조건에는 여러 가지가 있지만 대표적으로 일에 대한 자부심pride, 구성원간 신뢰trust, 재미와 즐거움fun을 꼽을 수 있다. 특히 구성원간 그리고 고객과의 신뢰는 기업의 성패를 좌우하는 관건이다. 고객에게 사랑받는 기업, 고객에게 믿음을 주는 기업으로 거듭나기 위해 현재 어떤 노력을 기울이고 있는가? 가장 간단한 작업으로 '신뢰계좌'를 작성해보라. 업무를 통해 신뢰를 주었을 때와 잃었을 때를 비교하며 점수를 매겨보는 것이다. 신뢰를 주었을 때는 '+'를 주고 신뢰의 정도에 따라 100점 만점 중 몇 점을 받았는지 적어본다. 반대로 신뢰를 잃었을 때는 '-'를 주고 어느 정도 신뢰를 잃었는지에 따라 −100점 중 몇 점에 해당하는지 적어본다. 그렇게 해서 신뢰계좌에 현재 몇 점이 축적되어 있는지 계산해보라.

2 환상의 목소리는 코끼리와 기린들에게 "주위의 믿음을 구하지 말고 스스로 믿을 수 있게 행동하라"고 조언한다. 조직 내에서 팀장과 팀원, 팀원 간 그리고 기업과 고객간 신뢰를 구축하는 데 필요한 전제조건 및 최상의 방법이 무엇인지 환상의 목소리가 주는 조언에 비추어 정리해본다.

3 정직한 기업, 신뢰받는 기업의 대표적인 사례를 벤치마킹하고 고객으로부터 존경과 사랑을 받는 기업은 평소에 어떤 노력을 기울이고 있는지 조사 및 분석한다. 그리고 여러분 회사에 적용할 수 있는 구체적인 실천방안을 모색해본다.

위대한 창조

3

알을 깨고 나오는 메추라기가

무척 힘들고 아플 것 같다는

생각을 해본 적은 없나요?

이후 무리의 대표들은 변한 모습을 보여주었다. 무작정 일을 시키기보다 자신이 먼저 그 일을 해보고 어떻게 하면 좋을지 고민한 뒤, 무리에게 일을 맡겼다. 일을 맡길 때는 무리에게 가장 알맞은 만큼의 일을 가장 쉬운 방법으로 할 수 있도록 배려했다. 그러자 무리는 점점 대표들을 진심으로 믿고 따르기 시작했고, 대표들은 무리 중 정말 믿을만한 친구가 생겼다고 말하기 시작했다. 파티를 하자는 말이 나온 이후, 처음으로 모든 일이 순조롭게 진행되는 나날이 계속되었다.

그러던 어느 날 아침,

"어쩌면 좋지? 아, 어쩌면 좋아. 어떻게 해야 하지?"

새벽부터 웅얼거리는 목소리에 잠을 설친 엘리코치는 다시 잠자리에 드는 것을 포기하고 그 목소리의 주인공을 찾아 나섰다. 그 목소리는 파티를 열기로 한 들판의 한쪽 구석에서 나고 있었다.

문득 몇 주일 전, 기린과 코끼리들이 파티를 열자고 뜻을 모으는 계기가 되었던 괴이한 '한숨소리'에 대한 기억이 되살아났다. 아닌 게 아니라 들판에서 들려오는 소리는 그 한숨소리와 비슷했다.

들판 한쪽으로 조심스럽게 다가가자 엘리코치의 눈앞에 기린 한 마리가 제자리에서 빙빙 돌며 중얼거리는 모습이 보였다. 덩치에 걸맞지 않게 조심스러운 걸음으로 다가가던 엘리코치는 어슴푸레한 새벽안개 너머로 기린의 얼굴을 확인하고는 맥이 확 풀려, 평소 같은 힘찬 걸음으로 성큼성큼 걸어 나가며 외쳤다.

"또 너냐?"

"아이쿠야!"

반복적으로 중얼거리던 목소리의 주인공은 갑작스럽
게 나타난 엘리코치의 굵은 음성과 커다란 덩치에 깜짝
놀라 휘청하며 그 자리에 고꾸라지고 말았다.

　"깜짝 놀랐잖아!"

　"깜짝 놀라긴, 너 때문에 온 초원의 기린과 코끼리들
이 더 놀랐겠다. 새벽부터 여기서 뭐하는 거야?"

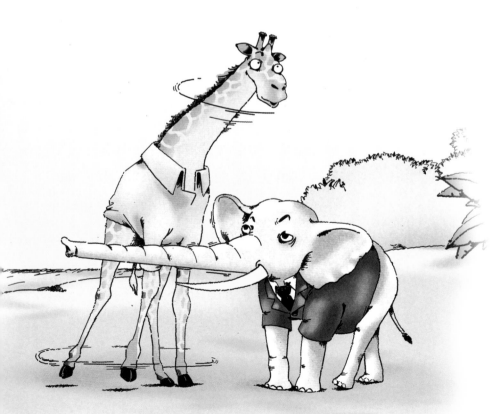

새벽에 초원에서 중얼거리며 맴돌다 엘리코치의 등장에 깜짝 놀라 고꾸라진 건 바로 괴이한 '한숨소리'의 주인공 기발한이었다. 평소에 놀기 좋아하고 예민한 그의 성격을 고려해 파티의 중심이 될 화려한 무대를 준비하도록 했는데, 요 며칠 초원에 나오지 않더니 새벽부터 이상한 소리를 중얼거리고 있었던 것이다.

기발한은 흙을 툭툭 털고 일어나더니 엘리코치는 아랑곳하지 않고 다시 빙빙 돌며 하던 대로 중얼거렸다.

"어쩌면 좋지? 아~ 어떻게 하지?"

엘리코치는 뭐라고 한마디 하려다 잠자코 하는 짓을 지켜보기로 했다. 뭔가 답답한 사연이 있는 듯했다.

한동안 제자리에서 빙빙 맴돌던 기발한은 갑자기 멈춰 서서 하늘을 바라보고는 크게 한숨을 내쉬었다. 엘리코치는 기발한을 그대로 내버려두었다가는 무슨 일이라도 날 것 같은 생각이 들어 기발한의 앞을 막아섰다. 그제야 기발한은 제자리에 서서 멍하니 엘리코치를 바라보았다. 조금 넋이 나간 듯한 모습이었다.

엘리코치는 일부러 긴 코로 기발한의 등짝을 힘껏 내리치며 말했다.

"너 도대체 새벽부터 여기서 뭐하는 거야? 그리고 어쩌면 좋지는 뭐가 어쩌면 좋지야?"

기발한의 등에 벌겋게 긴 자국이 났다. 그러나 기발한은 아프지 않은 듯 여전히 멍한 표정으로 하늘만 바라보고 있었다. 기발한은 양쪽 가문의 웃어른이 주문한 '깊은 의미를 주는 파티'를 어떤 콘셉트로 연출할 것인가 하는 문제에 푹 빠져 있었던 것이다. 기존의 파티는 무언가를 성취한 후 관계자들의 노고를 치하하면서 참석자들의 여흥을 돋우는 것이 전부였지만, 지금 기발한이 고민하는 것은 기존의 파티 개념을 창조적으로 파괴하는 새로운 콘셉트의 파티였다.

엘리코치는 문득 겁이 나기 시작했다. 자신은 기발한에게 별 도움이 되지 않을지도 모른다는 생각이 들었다. 그도 그럴 것이 오늘 아침의 기발한은 이제까지 엘리코치가 알고 있던 그 기발한과는 사뭇 달랐다. 조금 말귀를 못 알아듣고 어수룩하지만 그래도 마음만은 착한 기린으로 알고 있었는데, 오늘 보니 기발한은 훨씬 똑똑해졌고 무언가를 고민하는 날카로운 모습이었다.

'기발한이 자신의 능력에 넘치는 어려운 일을 맡게 되어 혹시 머리가 어떻게 된 건 아닐까?'

기발한의 모습은 능히 그렇게 생각하고도 남을 만했다. 평소의 모습과 달리 계속 어병한 목소리로 '어쩌지'를 연발하고 있었던 것이다. 그러나 눈빛만큼은 무언가 충분히 고뇌한 이들만이 보일 수 있는 예리함을 발하고 있었다.

엘리코치는 '깊은 의미를 주는 파티'를 연출하는 중차대한 과제를 기발한에게 맡긴 것이 잘못된 것은 아닌가 하는 생각을 했다. 창조적 아이디어는 단순히 기존의 아이디어에 몇 가지 아이디어를 추가하는 수준의 문제가 아니라, 완전히 새로운 콘셉트여야 한다는 점에서 일반적인 고정관념에서 벗어나야 가능해지는 것이 아닌가?

엘리코치가 이런 생각에 잠겨 있는 동안, 기린아가 천천히 그 곁으로 다가왔다. 엘리코치는 자신이 조금 전에 겪은 일을 들려주고는 이렇게 덧붙였다.

"누구 하나의 독창적인 아이디어도 중요하지만 기존의 파티와 전혀 다른 창조적인 파티를 열려면 그 아이디어는 우리 모두의 책임이 아닐까?"

그러자 기린아가 동조하고 나섰다.

"그래. 이 문제를 해결하기 위해 파티장 장식을 맡은 기특한을 포함해서 코끼리와 기린 모두가 모여 브레인스토밍 회의를 하는 것이 좋을 것 같아. 누구 하나의 창의적인 노력도 중요하지만 다양한 구성원이 서로 다른 의견을 교환하면서 아이디어가 뒤섞이는 가운데 제3의 새로운 아이디어가 창조되는 경우가 많거든. 독창성도 중요하지만 협창성은 더욱 중요하다고 생각해."

엘리코치가 고개를 끄덕이자 기린아가 서둘러 왔던 길로 돌아가며 말했다.

"내가 회의 계획을 세워볼게."

멀어지는 기린아를 보면서 엘리코치는 얼마 전 까마득한 산으로부터 날아와 파티가 있을 때까지 마을에 머물기로 한 환상의 목소리에게 먼저 자문을 구하는 것이 낫겠다는 생각을 했다. 엘리코치는 힘을 모아 코를 위로 뻗어 올린 뒤, 나팔을 불 듯 힘차게 뿜어내기 시작했다. 쩌렁쩌렁한 그 소리는 온 초원으로 퍼져나갔다.

얼마나 지났을까?

완전히 어둠이 걷히지 않은 어슴푸레한 새벽하늘을 가르며 파란 새 한 마리가 미끄러지듯 날아왔다. 환상의 목소리였다. 환상의 목소리는 몇 번 공중을 선회하더니 엘리코치의 넓은 어깨 위에 내려앉았다.

"저를 불렀나요? 제가 착각한 게 아니죠?"

아직 목청을 돋우기조차 이른 새벽이었지만 환상의 목소리는 아름다운 소리로 말했다.

"네, 제가 불렀습니다. 너무 이른 시간부터 귀찮게 해 드린 것은 아닌지 모르겠습니다."

"아, 괜찮아요."

환상의 목소리는 작은 고개를 가로저은 뒤, 몸을 풀려는 듯 이리저리로 콩콩 뛰며 날갯짓을 했다.

"저를 무슨 일로 불렀나요?"

엘리코치는 환상의 목소리에게 오늘 새벽에 있었던 이야기를 자세히 전했다. 장난스럽게 여기저기로 날던 환상의 목소리는, 어느새 날개를 접고 앉아 엘리코치가 전해주는 기발한의 이상한 행동에 대해 잠자코 듣고 있었다. 이윽고 엘리코치가 크게 한숨을 쉬며 물었다.

"아무래도 기발한이 조금 이상해진 것 같죠? 멋진 무대를 연출해야 한다는 중압감에 머리가 어떻게 된 것 같아요. 이제 와서 무대 연출 대표를 바꾸는 것도 문제가 있고…. 어떻게 하면 좋을까요?"

자기 얘기를 하는 줄도 모르는지 기발한은 계속 빙빙 맴돌다 한자리에 멈춰 서서 땅바닥에 이런저런 그림을 그렸다 지우기를 반복하며 '어쩌면 좋지?'라고 중얼거렸다.

"제 눈에는 어떻게 하면 더 좋은 무대를 연출할 수 있을지 고민하는 걸로 보이는데요?"

환상의 목소리는 여전히 중얼거리며 맴돌고 있는 기발한을 바라보며 말했다. 그러나 엘리코치는 정색을 하고 외쳤다.

"고민한다고 좋은 무대를 연출할 수 있나요? 뭔가 특별하고 창의적인 무대는 저렇게 고민만 한다고 되는 것이 아니라, 순간적인 감이 탁 오는 거잖아요. 그런 순간을 통해 창조나 창의가 있는 거지 저런 모습으로 새로운 아이디어를 떠올리긴 어렵지 않나요?"

"진짜 그렇게 생각해요?"

장난기 섞인 몸짓을 계속하던 조금과는 달리 환상의 목소리가 정색을 하며 물었다.

"그럼요."

엘리코치는 추호의 망설임 없이 시원스레 대답했다.

"글쎄요…"

환상의 목소리는 두세 차례 날개를 퍼덕거려 엘리코치의 콧잔등 위로 올라서서는 이야기를 계속했다.

"혹시 엘리코치 님은 새들이 알에서 깨어나는 모습을 본 적 있나요?"

"네, 본 적이 있어요."

"그때 느낌이 어땠죠?"

"글쎄요. 뭐랄까, 무척 신기하기도 하고 신비롭기도

하고…”

　엘리코치는 문득 지난 봄 건초를 구하기 위해 수풀로 들어갔다가 우연히 메추라기 한 마리가 알을 깨고 나오는 모습을 보았던 때를 떠올렸다.

자그마한 알에서 그보다 더 작은 새끼 메추라기가 깨어나는 장면은 정말 경이로웠다.

"혹시…"

언제 들어도 감미로운 환상의 목소리의 질문이 잠시 기억에 잠겨 있던 엘리코치를 깨웠다.

"알을 깨고 나오는 메추라기가 무척 힘들고 아플 것 같다는 생각을 해본 적은 없나요?"

순간, 낭만적이고 신비로운 기억의 대상이었던 새끼 메추라기가 알에서 나올 때 힘겹게 숨을 내뱉으며 눈을 질끈 감고 용을 쓰던 모습이 떠올랐다. 새끼 메추라기는 안쓰러워 보일 정도로 몸부림을 치고 있었다. 엘리코치는 코로 힘껏 자신의 무릎을 내리쳤다. 무언가 깨달았을 때 흔히 하는 버릇이었다.

"그렇군요! 새들이 알을 깨고 바깥으로 나오는 것은 단순히 성장의 한 단계가 아니라 세상이 바뀌는 경험을 하는 것이로군요. 그러니 힘들고 아픈 건 당연한 일일지도 모르겠네요."

"일종의 성장통成長痛, growing pain이죠. 그러나 그렇게 알을 깨고 나서야 비로소 그 새는 살아갈 수 있는 거예요. 이제까지 알의 안쪽이 세상의 전부였다면 알에서 나오는 그 순간부터는 알 밖의 세상이 자신의 세상이 되는 거죠."

하지만 알을 깨고 나오는 경험을 해본 적 없는 엘리코치는 환상의 목소리의 얘기가 선뜻 가슴에 와 닿지 않았다. 엘리코치의 표정을 통해 그것을 알아챘는지 환상의 목소리는 바로 코앞까지 다가와 더욱 부드러운 목소리로 차근차근 설명했다. 기발한은 여전히 중얼거리며 빙빙 맴돌고 있었다.

"알이 깨지는 순간, 새들에게 새로운 세상이 시작됩니다. 그러나 그 순간은 갑작스럽게 찾아오는 것이 아니라 알 안쪽의 생명체가 바깥의 새로운 세상을 맞이하고 싶다는 열망으로 지속적으로 움직이고 쪼아야만 경험할수 있죠."

환상의 목소리가 하는 얘기는 어느 정도 이해가 갔지만, 엘리코치는 왜 그가 갑자기 새가 알에서 깨어나는 이야기를 꺼냈는지 그 이유를 알 수가 없었다.

생각에 빠져 있던 기린과 코끼리에게 환상의 목소리의 잔잔한 가르침이 전해졌다.

"익숙한 것, 편안한 것으로부터 벗어나 도전하고 또 도전해야 창조와 발전이 있는 거예요. 위기에 맞서는 도전이 위기를 기회로 바꾸어놓죠. 창조는 과거를 버리고 미래를 향한 도전 속에서 피어나는 아름다운 열매입니다. 일종의 '떠남의 미학'이자, '버림의 미학'이죠."

환상의 목소리는 힘차게 날아올라 들판으로 쏟아지는 햇살 속으로 사라져가며 가르침을 더했다.

"우리는 실패하지 않기 위해 사는 것이 아니라, 성공하기 위해 사는 것입니다. 진정한 실패는 실패했다고 포기하는 순간 일어납니다. 도전하는 것을, 자신만의 눈이 아닌 또 다른 눈으로 새로운 세계를 바라보는 것을 결코 두려워하지도 망설이지도 마세요."

엘리코치는 더욱 깊이 생각에 잠겼다.

'실패하지 않기 위해서가 아니라 성공하기 위해서 산다?'

그대로 떠나간 줄 알았던 환상의 목소리는 어느새 엘

리코치의 곁을 날고 있었다.

"아까 그랬죠? 뭔가 특별하고 창의적인 무대는 고민만 한다고 되는 것이 아니라, 순간적인 감이 탁 오는 거라고. 그리고 그런 순간을 통해 창조도, 창의도 있는 거라고."

"아!"

엘리코치는 지나가는 말처럼 건넨 이야기를 분명하게 기억하고 있는 환상의 목소리의 기억력에 자신도 모르게 탄성을 질렀다. 환상의 목소리는 날개를 한번 휘감아 살짝 고개를 숙여 장난스럽게 인사를 한 뒤 더 높이 날아올랐다. 엘리코치는 그런 그에게 자신의 생각을 말하기 시작했다. 환상의 목소리가 너무 높이 날아올라 목청을 한껏 높여 큰소리를 질러야만 했다.

"이제야 알겠어요! 독창적이고 창의적인 업적은 순간적인 영감이나 초자연적인 힘의 결과일 수도 있지만, 대개 어제와 조금이라도 다른 무언가를 만들어내겠다는 '끊임없는 도전'과 내 앞에 놓인 도전과제를 해결하기 위한 '진지한 실천'의 반복으로 이루어진다고 말씀하시려고 한 거죠? 마치 끊임없이 알 밖으로 나갈 방법을 고민하고 지속적으로 껍질을 쪼아댄 새만이 알 밖에 펼쳐진 새로운 세상을 맞이할 수 있는 것처럼 말이죠!"

엘리코치는 환상의 목소리에게 들은 조언을 토대로 후속적인 실천방안을 논의하기 위해 기린아를 비롯해 기발한, 기특한, 엘리강스, 엘리펀과 아이디어 미팅을 열었다. 아이디어 미팅은 파티의 무대 연출을 맡고 있는 기발한이 이끌어갔다. 기발한은 특유의 방법으로 다양한 의견을 허심탄회하게 논의할 수 있도록 분위기를 조성했고, 덕분에 여러 가지 의미 있는 아이디어가 도출되었다.

물론 한번의 아이디어 미팅으로 원하는 결과를 모두 도출할 수는 없었지만, 허심탄회한 논의로 이번 파티의 콘셉트와 의미 그리고 파티를 운영하는 원칙을 공유할 수 있었다.

기발한은 도출된 아이디어를 엘리코치와 기린아의 도움을 받아 몇 가지로 정리하였다.

첫째 코끼리와 기린뿐 아니라 다른 동물들도 주인의식을 갖고 함께 참여할 수 있도록 최대한 배려한다.

둘째 파티를 한바탕의 소란이나 유흥이 아닌 더불어 살아가는 초원 공동체의 의미를 되새기는 자리로 활용한다.

셋째 이전의 파티와 다른 파티를 구상하기 위한 방법의 하나로 유명한 동물축제나 공연단의 아이디어를 활용한다.

넷째 파티를 모든 동물이 상부상조하며 살아가는 지상낙원을 이뤄나가자는 초원의 비전을 선포하는 자리로 활용한다.

이렇게 함께 머리를 맞대고 아이디어를 도출한 기발한은 만족스럽다는 듯 흥얼거리며 이전과 사뭇 다른 표정이었다.

미팅이 끝난 뒤, 모두가 떠났지만 기발한은 깊은 생각에 잠겨 있었다. 엘리코치는 차마 기발한만 남겨두고 갈 수가 없어 그 곁을 지키고 있었다.

그때, 어디선가 환상의 목소리가 날아와 생각에 빠져

든 기발한을 방해하지 않으려는 듯 조용히 엘리코치에게 속삭였다.

"지금 기발한은 그 어느 때보다 에너지가 가득 넘쳐흐르고 있을 겁니다. 지나친 고민은 문제가 되기도 하지만, 적절한 고민과 궁리는 보다 발전적이고 창의적인 결과를 가져오는 에너지가 되니까요."

환상의 목소리를 만난 지 며칠 되지 않았지만, 이제까지 듣던 이야기와 차원이 다른 어려운 이야기가 그의 입에서 흘러나오자 엘리코치의 머릿속은 복잡해지기 시작했다. 사실 초원으로 새롭게 터전을 옮긴 뒤로 먹이 걱정이 줄고 새로운 것에 대한 관심이 줄다 보니, 그다지 고민할 일이 없었다. 덕분에 마음은 편했지만 지난 일 년 동안 기린과 코끼리들의 삶은 그다지 나아진 것이 없었다.

한마디로 기린과 코끼리들은 '알 속의 세상'이 편하다고 생각해 '알 밖에 펼쳐진 진짜 세상'을 고민하고 그곳을 향해 나아가기 위한 노력은 등한시한 것이다.

엘리코치가 잠시 그런 생각에 빠져 있을 때, 갑자기 "끼약!~" 하는 비명소리가 들려왔다. 깜짝 놀라 소리가 나는 곳을 보니 기발한이었다. 기발한은 긴 다리가 휘청거리도록 제자리에서 펄쩍펄쩍 뛰고 있었다. 환상의 목소리는 그가 생각에 잠겨 있을 때 떠났는지 주위를 둘러봐도 보이지 않았다. 기발한은 한동안 제자리에서 뛰며 소리를 질러댔다. 자세히 들어보니 그것은 비명이 아니라 환호였다.

"야, 기발한! 내가 너 때문에 제 명에 못 죽겠다. 이번엔 왜 또 그러는데?"

말을 걸기가 무섭게 기발한은 제자리 뛰기를 멈추고 돌진하듯 엘리코치에게 뛰어와 입에 고인 침을 사방팔방 튕겨가며 말했다.

"됐다, 됐어! 획기적이고 참신하면서도 모두들 이제껏 보지 못한 멋진 무대를 연출할 기발한 아이디어가 생각났어! 으하하하! 난 역시 천재야!"

"기발한, 네 이름답게 '기발한' 아이디어를 생각해냈다고?"

엘리코치가 물었다.

신이 나서 잘난 체를 하던 기발한은 엘리코치의 말에 아랑곳하지 않고 얼른 무대 연출을 맡은 친구들에게 이 소식을 알려야겠다며 수풀로 성큼성큼 사라졌다.

3. 새로운 콘셉트를 창조하라!

상식 밖의 도전이 상식 밖의 결과를 창조한다

새는 알을 깨고 나오는 성장통을 경험하고 나서야 비로소 새로운 세상을 만나는 즐거움을 맛볼 수 있다. 마찬가지로 도전은 누구나 인정하는 상식의 틀에서 시작되지 않는다. 남다른 시각으로 남다른 시도를 해야 남다른 결과를 얻을 수 있다.

알의 세계를 버리고 알 밖으로 나가려는 진통이 창조의 시작이다. 불가능은 사실이 아니며 하나의 의견에 불과하다. 창조는 불가능에 도전하는 용기 속에서 시작된다. 도전 없이 창조 없고, 창조 없이 기업의 영속성은 보장되지 않는다.

당연하다고 생각하는 고정관념, 누구나 그럴 것이라고 믿는 상식, 이제까지 늘 해왔던 관행에 의문의 화살을 던질 때 창조는 시작된다. 시장의 흐름을 읽는 눈과 고객의 아픔을 감지하는 감수성 위에 상상력의 날개가 펼쳐질 때 창조의 씨앗이 발아될 수 있다.

상상력의 한계가 인류의 한계이다. 생각이 아닌 상상을 하고, 경쟁이 아닌 창조를 하라. 상상과 창조를 가로막는 유일한 장애물은 '안 된다'고 생각하는 심리적 장벽이다. 그 벽을 넘어서려는 의지와 위기에 맞서는 도전만이 위기를 기회로 바꿔놓는 유일한 디딤돌이다. 창조는 과거가 아니라 미래를 향한 도전 속에서 피어나는 아름다운 열매이다. 기업은 언제나 위기 속에서 기회를 먹고 자란다.

위대한 기업, 위대한 길

1 고객의 불편함을 감지하고 이를 치유할 수 있는 창조적 아이디어를 발굴해, 그것을 신제품과 서비스로 연결하는 실험을 반복할 때 비로소 새로운 가치를 창조할 수 있다. 고객의 불편함을 감지해 신제품과 서비스를 창조한 기업의 사례를 참고해 여러분 기업에 적용할 수 있는 구체적인 방안을 모색해본다(예, 3M의 제품개발 사례).

2 도전과 창조를 장려하는 기업의 공통점은 무엇일까? 도전과 창조를 장려하는 기업 문화는 제도와 시스템, 문화적 촉진 혹은 장려요인, 업무 프로세스, 인사평가와 보상시스템, 비즈니스 방식 등에서 어떤 차이가 있는가? 당장 여러분이 몸담고 있는 조직에 적용할만한 벤치마킹 포인트나 최선의 실천방안은 무엇인가?

3 창조경영은 이미 기업경영의 새로운 화두다. 창조경영의 시작은 개인 차원의 창의력과 그 창의력을 조직 차원에서 발휘되도록 지원하는 경영 차원의 과제로 나누어 생각해볼 수 있다. 결과적으로 두 문제는 유기적으로 통합되어 개인의 창의성이 조직 차원의 창조로 연결될 수 있도록 어떻게 지원하고 촉진하느냐가 중요한 쟁점이다. 여러분이 몸담고 있는 조직에서 창조경영의 최대 걸림돌은 무엇인가? 그 걸림돌을 창조경영의 디딤돌로 바꿀 수 있는 구체적인 방안은 무엇인가?

행복한 변화

4

우리에게 필요한 것은

익숙한 것에서 벗어나 새로운 장소에서

새로운 눈으로 새로운 것을

바라보는 거야.

D-15일 기특한, 미지의 평야로 여행을 떠나다

"파티 준비는 잘 되어가나요?"

한낮의 햇볕을 피해 잠시 나무 그늘 아래로 들어와 있던 기린아의 머리 위로 환상의 목소리가 날아들었다.

"네, 그럭저럭요."

"그런데 표정이 별로 좋지 않네요. 무슨 걱정거리라도 있나요?"

환상의 목소리는 어느새 기린아의 눈앞으로 날아와 날개를 퍼덕였다.

기린아는 일부러 그와 눈을 마주치지 않으려는 듯 고

개를 떨어뜨리며 말했다.

"아니요. 뭐 별로…"

말끝을 흐리는 걸로 보아 무언가 있다는 것을 눈치 챘는지, 환상의 목소리는 일부러 조금 낮게 날아 기린아의 눈앞에서 날갯짓을 했다.

"괜찮으니 얘기해 봐요. 혹시 알아요, 내가 조언을 해줄 수 있을지?"

언제나 그렇지만 듣는 이를 확 빠져들게 만드는 부드러우면서도 감미로운 환상의 목소리의 말에, 기린아는 저도 모르게 요즘 머릿속에 가득한 걱정거리를 털어놓았다.

"사실은… 파티장 장식을 맡기로 했던 기특한이 요 며칠 보이지 않아요. 파티가 며칠 남지 않았는데 가장 중요한 부분이라고 할 수 있는 파티장 장식 책임자가 사라졌으니…"

기린아는 근심어린 표정을 지었다.

사실, 환상의 목소리는 며칠 전에 기특한이 어디론가 떠나는 것을 보았다. 그는 그 이야기를 해줄까 하다가 입을 다물었다. 기특한의 표정에 무언가 결연한 것이 담겨 있었기 때문이다. 막연하긴 하지만 조만간 다른 동물들에게 큰 가르침을 줄만한 무언가를 얻어 돌아올 것이라는 기대감을 갖게 하는 표정이었다. 환상의 목소리는 하늘로 날아오르며 한마디 툭 던졌다.

"곧 오겠죠. 멀리 가진 않았을 거예요. 하지만 돌아왔을 때 기특한은 이제껏 우리가 알던 것보다 훨씬 많이 현명해져 있을 거예요."

기린아는 고개를 가로저으며 근심에 빠져들었다.

그로부터 며칠 뒤,

늘 열리는 대표자들의 회의가 시작되었다. 이날의 주제는 기특한의 실종과 관련된 것이었다. 한동안 말없이 사라진 기특한에 대한 걱정과 분노가 뒤섞인 의견들이 오갔다.

"파티가 며칠 남지도 않았는데, 더 이상 기특한을 기다리고만 있을 수는 없어."

"맞아. 파티에서 장식이 얼마나 중요한지는 모두 알

고 있잖아. 곧 꽃이 질 계절인데, 마냥 기다리고 있을 수 만은 없다고."

"기특한 녀석, 분명 일하기 싫어 어디론가 도망간 거 라고!"

온통 사라진 기특한을 비난하는 의견뿐이었다. 환상 의 목소리와 엘리코치 그리고 기린아만 아무 말도 하지 않고 있었다.

'아무리 파티장 전체를 장식하는 것이 힘들다고 해 도, 기특한이 말없이 도망칠 녀석은 아닌데…. 재료를 구하러 초원 밖으로 나섰다가 무슨 변이라도 당한 것은 아닐까?'

불길한 생각이 떠오르자 기린아는 애써 고개를 저어 생각을 떨쳐버리려 애썼다. 하지만 불길한 예감을 완전 히 떨쳐낼 수는 없었다. 문득, 몇 달 전 멀찌감치 보이던 하이에나 무리가 생각나기도 했다.

그때였다.

누군가가 소리쳤다.

"아니, 저게 누구야! 기특한 아닌가?"

그러자 모두들 그 기린이 가리키는 방향을 바라보았다. 까마득한 산과 정반대에 있는 끝없는 평야^{Never Ending Field} 쪽이었다. 기린보다 눈이 좋지 않은 코끼리들은 몇 번이고 눈을 비비며 평야와 하늘이 맞닿는 곳을 쳐다보았다. 처음에는 아무것도 보이지 않더니, 서서히 무언가 조그마한 점 하나가 움직이는 것이 보였다.

기린들은 그 점 하나가 무언지 잘 보이는 모양이었다. 코끼리들은 옆에 있는 기린들에게 그 점이 정말 기특한이 맞는지 몇 번이고 물어보았다.

"그래, 기특한이 맞아."

코끼리들은 계속 눈을 비비며 쳐다보았지만, 아까보다 좀더 커진 점 하나가 보일 뿐 도무지 그게 기특한인지 아닌지 알 수가 없었다. 얼마의 시간이 흐르자 그 작은 점은 한 마리의 기린이 되어 다가왔다. 정말로 기린들이 말한 것처럼 기특한이었다.

"어떻게 된 거야?"

"그동안 어떻게 지냈어?"

"대체 무슨 일이 있었던 거야?"

"제대로 먹고 자긴 한 거야?"

기린과 코끼리들은 앞 다투어 기특한에게 질문을 쏟아 부었다. 기특한은 물음에 일일이 답하는 대신 대부분 웃음으로 받아넘겼다. 기특한을 둘러싸고 질문을 쏟아 내는 무리의 조금 뒤에 서 있던 기린아는 문득 얼마 전 환상의 목소리가 했던 말을 기억해냈다.

'멀리 가진 않았을 거예요. 하지만 돌아왔을 때 기특한은 이제껏 우리가 알던 것보다 훨씬 많이 현명해져 있을 거예요.'

'정말 그런가? 그러고 보니 돌아온 기특한은 예전에 알던 그 기특한과 조금 다른 듯도 하네.'

굳이 제대로 먹고 잤는지 물어볼 필요가 없을 정도로 기특한의 건강상태는 좋아보였다. 아니, 조금 피로해보일 뿐 전반적인 상태는 오히려 사라지기 전보다 훨씬 좋은 것 같았다.

"대체 어딜 갔다 온 거야?"

"왜 떠났던 거지?"

기린과 코끼리들은 기특한이 이전에 물은 질문에 대답하기도 전에 계속해서 질문을 퍼부어댔다. 기특한은 전혀 당황하지 않고 차근차근 하나씩 대답해나갔다. 역시 환상의 목소리가 예상한 대로였다. 기특한은 많이 달라져 있었다.

"왜 아무 말도 없이 떠났니?"

무리를 진정시키고 기린아가 물었다.

"나는 파티장을 이제까지와 전혀 다른 분위기로 장식하고 싶었어. 하지만 아무리 초원을 헤매고 다녀도 새로운 장식을 위한 아이디어나 장식을 할 만한 꽃, 풀, 열매들이 눈에 띄지 않는 거야. 그래서 새로운 것을 찾아 조금씩 이곳을 벗어나다 보니 어느새 멀리까지 가게 되었지."

"그게 어디였는데?"

"끝없는 평야의 중간쯤 되는 곳이었어."

기특한은 고개를 돌려 자신이 걸어온 방향을 쳐다보았다.

"어땠는데?"

"그곳은 추워? 더워? 시원해?"

"새로운 꽃은 있었니? 열매는 풍부해? 맛있는 것이 많아?"

잠시 잠잠하던 기린과 코끼리들이 이야기에 끼어들었다. 기특한은 그 물음에 일일이 대답하지 않고 조용히 미소를 지을 뿐이었다. 기린아는 그곳에서의 어떤 경험이 기특한을 이전과 달라지게 만들었는지 궁금해지기 시작했다.

기린아가 무엇을 궁금해 하는지 모두 알고 있다는 듯 기특한은 천천히 자신이 경험한 것을 들려주었다.

"우리 기린은 평소에도 영험하고 지혜로운 동물로 정평이 나 있지. 나도 그런 평판과 전통에 대해 자부심이 있었어. 그런데 파티장 장식에 대해 고민하다가 새롭게 깨닫게 된 것이 있었어. 기린이 지혜로워 위험한 것을 미리 감지하는 것은 좋은 능력이야. 그러나 그것 때문에 조금 무모하긴 하지만 새로운 방향으로 과감하게 도전해야 하는 일에서는 머뭇거리다 기회를 놓치는 경우가 많다는 생각이 든 거야."

　기특한의 이야기에 몇몇 기린은 얼굴을 찌푸리며 수긍하지 못하겠다는 표정을 지었지만, 대부분의 기린은 고개를 끄덕이며 같은 생각임을 알렸다. 의외로 생각이 같은 기린이 많다는 것을 알게 된 기특한은 힘을 얻은 듯 이야기를 계속했다.

　"그러던 차에 우연히 엘리멘토 님이 아기 코끼리들에게 밀림을 여행했던 이야기를 들려주시는 것을 들었어. 엘리멘토 님은 기린이 위험하다고 꿈도 못 꿀 일을 과감하게 했고, 그 경험을 자랑스럽게 후손들에게 들려줬던 거지."

　엘리멘토가 아기 코끼리들에게 이야기를 들려줄 때 그 자리에 함께 있었던 엘리코치는 자연스럽게 그 이야기를 떠올렸다. 코끼리들은 상황 판단 속도는 좀 느린 편이지만, 강한 힘과 단결력 그리고 하고자 하는 일에 대한 추진력은 매우 강했다. 엘리멘토는 그러한 코끼리의 장점을 살려 남들이 감히 도전하지 못하는 밀림을 마음껏 헤집으며 여행을 했고, 마침 그날 모여 있던 아기 코끼리들에게 그 경험을 들려주었던 것이다.

기특한의 들뜬 목소리가 다시 엘리코치를 현실로 돌아오게 만들었다.

"난 그 이야기를 듣자마자 지금의 나 그리고 우리에 대해 생각했어. 특히 기린에게 필요한 것은 익숙한 것에서 벗어나 새로운 장소에서 새로운 눈으로 새로운 것을 바라보는 것임을 깨닫게 되었지."

기특한의 힘 있는 이야기에 기린뿐 아니라, 코끼리들도 고개를 끄덕였다. 특히 기린아는 짧은 시간에 이루어진 기특한의 엄청난 발전에 놀라 입을 다물지 못했다. 그들이 점점 기특한의 이야기에 동조하고 있을 무렵, 들판의 한 귀퉁이에서 마른 풀을 너무 많이 씹었는지 듣기 거북할 정도로 갈라진 목소리가 들려왔다.

평소 기린은 물론 코끼리들과도 사이가 좋지 않던 엘리강스였다. 그는 왕실의 상징이던 흰 코끼리의 후예로, 아직까지 예전의 영화를 잊지 못한 채 거만한 태도로 동료들을 대하고 약하고 여리다는 이유로 기린을 업신여겨 동료들 간에 원성이 자자했다.

"말이 쉽지. 평소의 생활을 버리고 새로운 세상을 향해 떠나 새로운 눈으로 세상을 바라본다는 것이 얼마나 위험한 일인 줄 모르니? 지금 너의 그 허무맹랑한 이야기가 우리에게 얼마나 나쁜 영향을 끼칠지 모르고 잘난체 하는 거야?"

늘 그렇듯 그의 입에서 나온 것은 날카로운 독설이었다. 예전의 기특한이었다면 상처를 받아 의기소침해지거나 펄펄 뛰며 화를 냈을 테지만, 오늘은 그렇지 않았다. 오히려 살며시 미소를 지으며 엘리강스를 찬찬히 바라보았다.

그때까지 조용히 기린과 코끼리들이 이야기하는 모습을 지켜보던 환상의 목소리가 기특한의 목 언저리까지 날아오르며 말했다.

"제가 조금 참견해도 될까요?"

환상의 목소리가 함께한 기간은 얼마 되지 않았지만, 언젠가부터 엘리코치와 기린아는 물론 대부분의 코끼리와 기린이 그가 이런저런 의견을 내놓는 것에 전혀 거부

감을 느끼지 않았다. 아니 오히려 어떤 경우에는 내심 환상의 목소리가 아무 충고라도 좀 해주기를 기다리는 기린과 코끼리도 있었다. 환상의 목소리는 어느새 파티를 준비하는 기린과 코끼리에게 동료이자, 조언자이며 때로는 스승의 모습으로 자리 잡고 있었다. 엘리강스만 조금 못마땅하다는 표정을 짓고 있을 뿐, 다른 기린과 코끼리는 환상의 목소리의 이야기에 귀를 기울이고 있었다.

"엘리강스! 당신이 본 꽃 중 가장 아름다운 꽃은 무엇이지요?"

갑작스레 질문을 받은 엘리강스는 가볍게 눈을 찡그려 불쾌하다는 표정을 지으며 대답했다.

"그야, 이 들판을 둘러싸고 있는 장미지요."

"기특한은요?"

"글쎄요. 물론 장미도 아름답지만 바위틈에 핀 이끼 꽃도 아름답고 아주 가끔 피는 대나무 꽃도 아름답죠."

환상의 목소리는 기특한의 대답을 듣고 빙그레 미소를 지었다.

"그럼, 엘리강스. 당신이 본 동물 중 가장 무서운 동물은 무엇인가요?"

영문도 모른 채 동료들 앞에서 계속 자기에게만 질문이 쏟아지자, 엘리강스는 점점 짜증이 나기 시작했다. 그는 아예 노골적으로 불쾌하다는 표정을 지으며 말했다.

"그야 당연히 사자 아니겠어요! 그걸 질문이라고 하는 거예요?"

다른 기린과 코끼리가 민망할 정도로 엘리강스는 짜증을 냈다. 그러나 환상의 목소리는 그 정도쯤은 신경 쓰지 않는다는 듯 기특한에게도 똑같은 질문을 했다.

"음… 사자도 무서운 동물이긴 하지만, 듣자 하니 아주 작은 전갈 중에도 기린이나 코끼리를 한 방에 죽게 할 만큼 무서운 독을 가진 것이 있다고 하더군요. 사자는 멀리서 나타나면 피하거나 뒷발차기로 물러가게 할 수도 있지만, 전갈은 눈에 보이지 않아 피해가거나 먼저 공격할 수도 없고…. 진정 무서운 동물이라고 할 만하지요."

"기특한, 당신은 그런 것을 어디서 배웠죠?"

"이번에 길을 떠나 끝없는 평야를 헤매면서 알게 되었어요."

환상의 목소리는 모여 있는 기린과 코끼리가 모두 보이는 곳까지 날아올랐다.

"우리는 늘 익숙한 것으로 모든 것을 재단하려는 경향이 있죠. 새로운 것을 해야 하는 순간에도 습관처럼 머뭇거릴 이유를 대고 결국 항상 하던 대로, 익숙한 대로 해결하려 하는 것이 보통이죠."

방향을 바꾼 환상의 목소리는 무리와 조금 떨어져 아직도 불쾌한 표정을 짓고 있는 엘리강스를 바라보며 말했다.

"물론 엘리강스의 말이 틀린 것은 아니에요. 이 초원을 둘러싸고 있는 장미가 아름다운 꽃임엔 틀림없고, 저 수풀 너머 초원에 사는 사자는 분명 무서운 동물이죠."

이 말을 듣자 엘리강스는 이제까지의 찡그린 표정을 다소 풀었다. 그러나 이어지는 이야기는 엘리강스가 듣기에 그리 편한 내용은 아니었다.

"하지만 그게 끝이에요. 이 초원 그리고 세상은 끊임없이 변하는데, 엘리강스는 계속 자신의 눈으로만 세상을 바라보고 있죠. 다른 시각으로 바라볼 생각을 하지 않는 거예요."

엘리강스는 다시 있는 대로 얼굴을 찡그리고 환상의 목소리를 노려보았다. 환상의 목소리는 아랑곳하지 않는다는 듯 이리저리 날아다니며 이야기를 계속했다 엘리강스를 제외한 기린과 코끼리는 그의 다음 이야기를 목이 빠져라 기다리고 있었다.

"기특한에게 다시 묻죠. 당신은 어떻게 바위 밑에 피어난 이끼 꽃이 아름답다는 것을 알게 되었죠?"

"그야… 끝없는 평야 어딘가를 헤매던 중, 길을 잃어 잡목이 우거진 수풀 속을 헤매고 돌아다닌 적이 있어요. 숲이 울창해 태어나서 처음으로 목을 숙이고 거의 기다시피해서 나뭇가지들을 헤치며 걸었는데, 그때 땅바닥에 붙어 있는 이끼 꽃이 무척이나 아름답다는 것을 알게 되었죠."

기특한의 말이 끝나기가 무섭게 기린과 코끼리들은

고개를 숙이고 자신들이 보지 못했던 꽃이나 풀이 있는지 찾기 시작했다.

"그럼, 전갈은?"

"평야를 헤매다 목이 말라서 물을 찾기 위해 사바나 모니터Savanna Monitor라는 도마뱀 무리를 따라간 적이 있었죠. 그들과 대화를 하다 '무서운 전갈' 이야기를 듣게 되었어요."

기특한은 환상의 목소리가 묻는 질문에 정성껏 대답했고, 다른 기린과 코끼리들은 기특한의 입에서 흘러나오는 초원 밖의 다채로운 세계에 감탄하며 귀를 기울였다. 엘리강스도 내심 기특한의 이야기에 귀가 솔깃해지는 것은 어쩔 수가 없었다.

"자, 그럼 다시 묻죠. 만일 당신이 계속 이곳에 있었다면 그래서 기린의 눈으로만 세상을 바라보았다면 이끼에 핀 꽃의 아름다움이나 땅바닥을 기어가는 전갈의 무서움에 대해 알 수 있었을까요?"

환상의 목소리의 질문이 채 끝나기도 전에 기특한은 단호하게 고개를 저었다.

"아니오. 절대 그렇지 못했을 겁니다. 저는 울창한 나뭇가지를 피하기 위해 땅바닥에 엎드려 들쥐의 눈높이에서 세상을 바라보고, 물을 구하기 위해 작은 도마뱀과 어울리며 그들이 본 세상 이야기를 들었기 때문에 그 모든 것을 알게 된 것입니다."

기린아는 기특한의 마지막 대답에서 환상의 목소리가 이야기하고자 하는 것이 무엇인지 알게 되었다. 기린아를 포함한 수많은 기린과 코끼리는 이번 파티를 준비하면서, 아니 날마다 초원에서 생활하면서 늘 기린의 눈으로 혹은 코끼리의 눈으로 세상과 세상사를 바라보고 판단했다. 새로운 것을 만들거나 새로운 것에 도전하는 것은 불필요하다거나 위험하다는 핑계로 꺼려했고, 그래서 그들이 생각해낸 것이나 만든 것은 늘 발전 없이 그대로였다.

"하지만 우리가 자기 자신의 눈으로 바라보는 것은 자신의 정체성을 찾고 고유한 문화를 지켜나가는 데 많은 도움이 됩니다."

못마땅한 표정으로 잠자코 있던 엘리강스가 굵고 불

만이 가득한 목소리로 반론을 제기했다. 그의 이야기에 이번에는 다시 기특한이 반발했다. 예전에 보기 힘든 단호한 모습이었다. 그 성질 사납고 덩치 큰 엘리강스에게 반론을 제기하다니….

"계속해서 자기 자신만의 눈으로 세상을 바라본다면 무언가 변화를 시도하려는 의욕도 잃게 되고, 새로운 것을 발견하려는 노력도 기울이지 않게 될 거야. 더욱 심각한 문제는 그러한 상태에서는 세상이 바뀌어도 우물 안 개구리처럼 살게 된다는 거지."

엘리강스가 곁눈을 치켜뜨면서 기특한을 노려보았다.

환상의 목소리는 엘리강스와 기특한을 부드러운 눈빛으로 바라보며 이야기를 계속했다.

"엘리강스의 말도 맞아요. 하지만 기특한의 말처럼 계속해서 '자신의 눈'으로만 세상을 바라보는 것은 새로운 방식으로 변화하고자 하는 의욕을 꺾어버린다는 문제점이 있습니다. '익숙함'은 우리에게 '편안함'을 주지만, 반대로 '안일함'과 '게으름'을 가져다주기도 하죠. 익숙함의 가장 심각한 문제는 현실에 안주하게 만든다는 겁니다."

기린과 코끼리는 곰곰이 자신들의 과거를 생각해보았다. 기린은 초원에서 늘 영민하고 총명한 동물로 인식되었다. 이로 인해 기린은 자신들이 다른 동물보다 우월하다는 생각에 기린의 눈으로만 보고 판단하는 것을 당연하다고 여겨왔다. 그것은 코끼리도 마찬가지였다. 초원에서 늘 가장 힘이 센 동물은 코끼리였고, 이에 따라 초원에 중요한 의사결정 사항이 있을 때 코끼리가 어떻게 결정하느냐가 전체 초원 동물의 결정을 좌우했다. 늘 자신만의 눈으로 세상을 보고 느끼다 보니 새로운 것을 찾는 노력도, 기존의 것을 새로운 것으로 변화시키려는 자세도 사라져버리고 말았던 것이다.

그 뒤, 며칠 동안 기특한을 중심으로 파티장 장식을 위한 회의 및 준비가 하루 종일 이어졌다. 하지만 그들의 자세는 이전과 많이 달라져 있었다. 이전처럼 기린은 기린대로 코끼리는 코끼리대로 자기가 알고 있는 것을 늘어놓기보다 새벽같이 길을 나서서 직접 보고 듣고 배운 생생한 경험에서 우러나오는 의견을 제시하고 그에 따른 준비를 해갔던 것이다.

무대를 비롯한 파티장 장식은 처음 준비를 시작했을 때와는 비교할 수 없을 만큼 다채로워졌고, 꽃 장식도 장미로만 꾸며진 단조로운 것이 아니라 장식으로 쓰리라고 상상치도 못했던 버섯, 갈대, 들풀 등 형형색색의 꽃과 식물들로 꾸며졌다.

기특한은 기발한이 이끌었던 아이디어 미팅 때의 다양한 아이디어를 유효적절하게 활용했다. 기발한의 왕성한 호기심으로 제기된 파티 진행 전반에 대한 큰 그림을 십분 살릴 수 있도록 기특한은 상징적인 의미를 추가해 무대를 아름답고 화려하게 장식하는 데 온 힘을 쏟고 있었다. 기발한이 파티 전체의 콘셉트를 연출하는 책임을 맡았다면 기특한은 파티의 콘셉트를 구현할 수 있는 무대를 장식하는 역할과 책임을 맡은 것이다.

처음에는 다른 기린이나 코끼리와 함께하기를 거부한 채, 예전부터 내려오는 코끼리의 방식에 따라 장식을 하자고 주장했던 엘리강스도 서서히 변해갔다. 환상의 목소리의 충고에 따라 기특한과 짝을 이뤄 여기저기 다니면서 조금씩 마음을 열게 되었던 것이다.

그러던 어느 날,
"기특한, 너한테만 털어놓을 게 있다."
강 하류에 사는 비버에게 나무 쌓는 방식을 배우기 위해 함께 길을 나섰던 기특한과 엘리강스가 도중에 잠시 쉴 때였다. 엘리강스가 나무 그늘 아래서 더위를 식히고 있던 기특한에게 말을 걸었다. 요즘 들어 부쩍 열린 자세로 다른 기린이나 코끼리와 곧잘 어울렸지만 엘리강스가 다른 동료에게 특히 기린에게 먼저 말을 거는 것은 정말 뜻밖이었다. 그늘 아래의 웅덩이 물을 마시던 기특한이 놀라 물을 뿜으며 어설프게 대답했다.
"응… 그래, 뭔데?"
엘리강스는 막상 말은 꺼냈지만, 얘기를 계속 이어가는 것이 무척 쑥스러운 듯 다음 말을 꺼내는 것을 망설였다.
"무슨 말인데 그렇게 어려워하는 거야?"

기특한이 두서너 번을 더 재촉한 뒤에야 엘리강스는 남은 이야기를 마저 꺼냈다.

"내가 굉장히 거칠고 고집이 세다고 생각하지?"

기특한은 "응" 하고 대답하려다 살짝 고개를 끄덕이는 것으로 대답을 대신했다.

"사실 난 어린시절부터 겁이 많았어. 다른 세상이 궁금했고 호기심도 많았지만, 차마 그 세상으로 나가지 못하고 오히려 코끼리의 전통과 문화를 지킨다는 핑계를 대며 눈을 가리고 마음을 닫았지. 그런 나 자신을 들키지 않기 위해 늘 거칠게 이야기했고, 누군가와 친해지는 것도 꺼려했지."

엘리강스의 입에서 보통의 경우라면 쉽게 할 수 없는 이야기가 흘러나오자, 기특한은 자세를 바로 세우고 진심어린 눈빛으로 그를 바라보았다.

"그래서 이번 파티 준비를 통해 새로운 세상을 보고 느끼게 해준 너희들이 참 고마워."

엘리강스의 진심어린 이야기에 오히려 기특한이 감동을 받아 눈물을 글썽거렸다.

하지만 이야기는 거기까지였다. 갑자기 표정을 바꾸고 길게 기지개를 켠 엘리강스는 먼저 성큼성큼 걸어가며 소리쳤다.

"아무튼 그렇다고! 자, 가자! 내가 이런 얘기했다고 너희에게 머리를 숙인 거라고 생각하면 큰 오산이야!"

역시 엘리강스였다. 기특한도 길게 기지개를 한번 켜고 그 사이에 한참을 앞서간 엘리강스를 따라가기 위해 성큼성큼 걸어갔다. 함께 걸으며 기특한은 자꾸 엘리강스를 툭툭 치며 장난을 걸었다. 처음에는 별 반응이 없던 엘리강스도 한참이 지나자 같이 기특한을 툭툭 치며 장난을 치기 시작했다.

잠시 후, 초원에서 강 하류로 뻗은 길 위에는 코끼리와 기린의 웃음소리가 가득했다.

4. 끊임없이 새로움을 추구하라!

안전지대에 안주安住하는 순간, 위기危機는 시작된다

기업의 평균수명이 점점 짧아지고 있는 요즘, 변화와 혁신은 기업의 생존수단이자 일상적 삶의 방식이다. 늘 자신만의 눈으로 세상을 보고 느끼면 새로운 것을 찾는 노력도, 기존의 것을 새로운 것으로 변화시키려는 자세도 사라질 수 있다는 깨달음을 얻은 기특한으로부터 변화와 혁신의 진정한 출발점을 배울 수 있다.

익숙한 곳에 안주하지 말고 낯선 곳에서 아침을 맞이하라. 안전지대Comfort Zone의 뒷면에 위험지대Danger Zone가 있다. '이 정도면 됐다'고 안주하는 순간적 만족감은 변화와 혁신을 가로막는 최대의 걸림돌이다. 안락함의 '닻'이 변화를 가로막는 '덫'으로 바뀌는 순간, 기업은 걷잡을 수 없이 쇠락하게 된다. '닻'은 모진 풍파를 막는 안전장치로 만들었지만 현실에 안주하려는 '닻'의 유혹을 물리치지 못하면, '닻'은 변화의 파도를 뛰어넘지 못하게 하는 '덫'이 되고 만다.

변화와 혁신은 당연하다고 생각하는 일상적 사고방식과 익숙해진 행동에 의문을 던지는 것으로부터 시작된다. 당연하다는 생각에 질문의 칼을 뽑아 들어야 한다. 남과 다르게 생각하고 다르게 행동할 때 남다른 비즈니스 방식을 만들어낼 수 있다. 한계는 스스로 정한 굴레이자 덫이다. 마음을 움직이는 혁신적 비전을 제시하고 구체적인 전략을 수립해 전직원이 동참하도록 지속적으로 커뮤니케이션 하라. 변화와 혁신은 언제나 진행형이다.

위대한 기업, 위대한 길

1 지난 1년 동안 성공적인 변화 추진 경험, 즉 성공체험을 해본 적 있는가? 구체적으로 어떤 상황에서 성공적인 변화가 추진되었는가? 변화가 성공적으로 이루어질 수 있도록 촉진하거나 지원한 요인은 무엇인가?

2 기존의 것을 버려야 새로운 것을 얻을 수 있다. 여러분의 회사는 여러분 회사만의 독특한 경영방식을 확립하고 있는가? 대다수의 영속기업은 나름대로의 독특한 경영방식을 정립해 직원 채용 및 평가, 경영자의 의사결정, 모든 임직원 행동규범의 기준으로 활용하고 있다. 여러분 회사의 독특한 경영방식은 무엇인가? 독특한 경영방식이 있는 선진 기업, 예를 들면 GE, Apple, HP, Microsoft 등을 조사·분석해보고 여러분 기업에 반영할 수 있는 요소가 무엇인지 살펴보라.

3 실패가 남긴 흉터는 더 큰 실패를 견뎌낼 수 있는 보루이다. 변화와 혁신의 가장 큰 적은 심리적 장벽이라고 한다. 특히 과거의 성공체험에 젖어 지금 혹은 앞으로 다가오는 엄청난 변화의 물결을 과거의 잣대로 바라보는 것은 위험하다. 변화와 혁신을 가로막는 칠거지악七去之惡은 무엇일까? 자신의 경험을 통해 실패한 변화와 혁신 프로젝트, 시작은 화려했으나 끝은 미약했던 수많은 프로젝트의 문제점을 도출한 다음 공통적인 속성끼리 묶어 '변화와 혁신의 칠거지악'으로 정리해보라.

몰입의 힘

5

오직 한 가지만 생각했어요.
어떻게 물고기가 움직이는
방향과 내 몸이 움직이는 방향을
일치시킬 것인가...
그 생각만 했죠.

D-10일 물고기를 잡으려면 물에 흠뻑 빠져라

"잘 되고 있니?"

엘리코치가 긴 코를 이용해 오렌지 하나를 던져주며 물었다. 파티의 전체적인 진행을 맡기로 한 엘리펀은 갑자기 날아든 오렌지를 냉큼 받아 오물거리며 대답했다.

"별로."

"왜?"

"전체적인 행사 내용을 만들어야 하는데, 자꾸 잡다한 것이 신경 쓰여서 도무지 진도가 나가지 않아."

"파티가 얼마나 남았다고 여태 그러고 있어."

"그러게 말이야. 그래서 내가 요즘 잠도 제대로 못 잔다니까."

엘리펀은 오렌지를 꿀꺽 삼키고는 코로 땅에다 이런저런 그림을 그려가며 파티 진행에 대한 궁리에 빠져들었다. 옆에서 그 모습을 지켜보던 엘리코치가 물었다.

"다른 기린이나 코끼리들은 별다른 의견이 없대?"

"다들 이런저런 의견은 있는데 그게 다 자기들 입장만 고려한 거라서 초원의 전체 동물이 모이는 파티를 진행하는 데 써먹기에는 좀 무리가 있어."

엘리코치도 함께 고민에 빠져들었다.

그때, 하늘로부터 환상의 목소리가 날아들어 엘리코치와 엘리펀 사이를 날아다녔다.

"마침 잘 오셨어요. 그렇지 않아도 여쭤볼 것이 있어서 찾아뵈려고 했어요."

엘리코치가 반가이 그를 맞았다.

"영광이네요. 저를 그렇게 높이 평가해주시니. 그런데 물어볼 것이 뭐죠? 쉬운 문제여야 할 텐데…"

환상의 목소리가 장난기 어린 목소리로 농담을 하며 엘리코치의 눈앞으로 날아들었다. 질문을 받을 준비가 되어 있다는 표시였다.

"여기 있는 엘리펀은 파티의 전체적인 진행을 맡고 있어요. 이번 파티를 보다 재미있고 기억에 남는 파티가 되도록 기획 중인데, 다른 기린과 코끼리들이 저마다 자기 입장만 고려한 의견을 내놓다 보니 쓸만한 것이 없고, 엘리펀도 잡다한 생각에 사로잡혀 이렇다할 아이디어가 떠오르지 않는다네요. 무슨 묘안이 없을까요?"

환상의 목소리는 엘리코치의 이야기를 모두 들었다는 듯 이번에는 엘리펀의 눈앞으로 가서 날갯짓을 하며 물었다.

"혹시 요즘 맥이 풀리거나 힘이 빠지지는 않나요? 만사가 귀찮고 의욕이 사라진 것 같기도 하고…"

그 말에 엘리펀은 발을 힘껏 한번 굴렀다. 환상의 목소리의 말이 딱 맞는다는 뜻이었다.

"어떻게 아셨어요? 아무에게도 말하지 않았는데. 그렇게 티가 났나요?"

엘리펀의 물음에 환상의 목소리는 크게 고개를 가로 저었다.

"아니, 그렇지 않아요. 나는 단지 '그것'을 하지 못하는 이들에게 나타나는 공통적인 현상에 대해 이야기한 것뿐이에요."

"그것을 하지 못하는 이들에게 나타나는 공통적인 현상이요?"

엘리펀은 가뜩이나 큰 눈을 더욱 크게 뜨며 물었다.

"그것이 대체 뭐죠?"

이번에는 못 참겠다는 듯 엘리코치가 끼어들었다. 환상의 목소리는 대답 대신 날갯짓으로 엘리코치와 엘리펀을 개울가로 이끌고 갔다. 몇 주 전 괴이한 한숨소리 때문에 불거진 괴물 논란으로 한동안 기린과 코끼리들의 발길이 뜸했던 개울가에는, 다시 예전처럼 기린과 코끼리들이 모여 물장구를 치고 있었고 몇몇은 파티에 쓸 갈대를 꺾고 있었다.

"엘리펀의 증상과 개울이 무슨 상관이 있는 거죠?"

엘리코치는 궁금함 때문에 마지못해 따라왔지만 개울

가와 자신들의 고민에서 연관성을 찾지 못해 조바심이 났다. 환상의 목소리는 조용히 개울 한가운데로 날아가 엘리코치와 엘리펀에게 물로 들어오라고 날갯짓을 했다. 물놀이를 워낙 좋아했던 그들은 조금 전까지만 해도 파티와 관련해 심각한 고민에 빠져 있던 자신들의 처지는 모두 잊고 개울로 뛰어들어 코로 물을 뿜어대며 장난을 쳤다.

한동안 물장난을 하다가 문득 정신을 차린 그들은 고개를 돌려 환상의 목소리를 찾았다. 다행히 환상의 목소리는 주위의 바위 위에 날개를 접고 앉아 조용히 그들을 바라보고 있었다.

"모처럼 물놀이를 하니 좋죠?"

몇 번 몸을 움직여 물기를 말리던 엘리코치와 엘리펀은 입을 모아 대답했다.

"네. 정말 오랜만에 신나게 물놀이를 즐겼어요."

"덕분에 잠시나마 즐거운 시간을 보냈어요."

그들의 대답에 환상의 목소리는 살짝 웃더니 다시 엘리코치의 눈앞까지 날아와 말했다.

"그러니까 둘은 한마디로 물놀이에 빠져든 거군요?"

엘리코치와 엘리펀은 고개를 끄덕였다.

"물놀이에 빠져들어 다른 근심은 다 잊었다고 했죠? 그럼 지금부터 제가 하는 얘기를 좀더 잘 이해할 수 있겠군요."

잠시 후, 오랜만의 물놀이 기분을 떨쳐낸 엘리코치와 엘리펀은 환상의 목소리가 자신들을 개울까지 데려와 하고자 하는 이야기가 무엇인지 궁금해지기 시작했다.

"이 개울에는 많은 물고기가 살고 있어요. 자, 둘이서 그 물고기를 한번 잡아보세요."

'아까는 물놀이를 하라고 하더니, 이번에는 물고기를 잡으라고? 대체 무슨 속셈이지?'

엘리코치와 엘리펀은 환상의 목소리가 자신들에게 무엇을 말해주기 위해 이러는 것인지 몹시 궁금했다. 하지만 환상의 목소리는 물고기를 잡으라는 말만 남긴 채 하늘 높이 날아가 버렸다.

환상의 목소리가 다시 내려와 가르침을 줄 것이라는

기대로 잠시 기다리고 있던 엘리코치와 엘리펀은, 한참을 기다려도 그가 내려오지 않자 체념하고 개울로 뛰어들었다. 그들은 물고기를 잡기 위해 이리 뛰고 저리 뛰며 물속에서 뒹굴었다. 그러나 물고기들이 눈앞에 뻔히 보임에도 불구하고 그들에게 잡히는 물고기는 한 마리도 없었다.

한참이 지난 뒤, 물고기를 한 마리도 잡지 못하고 지쳐 쓰러진 그들 앞에 환상의 목소리가 나타났다.

"왜들 이렇게 지쳐 있나요? 물고기는요?"

며칠동안 비협조적인 동료들과 참신하지 못한 의견들 속에서 책임감 있게 일을 처리하려 했던 엘리펀은 숨쉬기조차 힘들 만큼 지쳐 있었다. 대답할 기력조차 없는 엘리펀을 대신해 엘리코치가 대답했다.

"한 마리도 못 잡았어요. 눈에 뻔히 보이는데 한 마리도 잡을 수가 없었어요."

엘리코치는 부드럽게 대답하긴 했지만, 환상의 목소리가 왜 바쁜 일정에 지쳐 있는 자신들에게 쓸데없는, 그리고 결과물도 없는 물놀이와 고기잡이를 시켰는지 알 수가 없었다.

"아까 물놀이에는 '빠져들더니', 이번 고기잡이에는 '빠져들지 못한' 모양이군요."

"예?"

지쳐 있던 엘리펀이 한마디 던졌지만, 환상의 목소리는 대답 대신 다시 개울 가운데로 가서 날갯짓을 하고 있었다.

"내 친구 얘기 하나 해줄까요?"

이번에는 뜬금없이 친구의 이야기를 하겠다고 했다. 엘리코치와 엘리펀은 환상의 목소리가 전하고자 하는 의미를 따라가기가 무척 벅찼다.

"이 근처에 사는 친구는 아니고, 바다 건너 머나 먼 곳에 사는 친구의 이야기입니다."

환상의 목소리는 개울가 양지바른 돌 위에 편안하게 앉아 머나 먼 곳에 산다는 친구의 이야기를 들려주었다. 근래에 몇 번 내린 비 때문에 개울물이 부쩍 불어나 물소리에 묻힌 그의 목소리를 듣기 위해 엘리코치와 엘리펀은 잔뜩 고개를 숙이고 집중해야만 했다.

"그의 이름은 '빅비'예요. 저 바다 건너편의 어마어마하게 넓은 초원을 흐르는 강가에 사는 곰이지요."

엘리코치는 언젠가 엘리멘토로부터 바다 건너편에도 그들이 살고 있는 초원과 비슷한 크기의 넓은 초원과 수많은 동물이 살고 있다는 이야기를 들은 적이 있었다.

"그 친구의 덩치가 얼마나 큰지. 다른 동물은 그를 보고 '코끼리 같다'라는 말을 자주하곤 합니다."

엘리코치와 엘리펀은 서로 마주보며 빙그레 미소를 지었다.

"그런데 빅비가 주로 먹는 음식이 뭔지 알아요?"

질문이 끝나기가 무섭게 엘리펀이 대답했다.

"꿀 아니에요? 곰은 주로 꿀을 먹잖아요!"

대답을 하며 우쭐해서 키득거리는 엘리펀을 보며 환상의 목소리가 잔잔한 미소를 띤 채 말했다.

"꿀은 그저 간식일 뿐이고 그 친구가 주로 먹는 건 강속에 사는 연어라는 물고기입니다."

"연어요?"

"연어라… 물고기 연어요?"

엘리코치와 엘리펀은 놀랍다는 듯 되물었다. 자신들이 물속에서 한참이나 고생했어도 한 마리도 잡지 못한 물고기를 날마다 잡아먹으며 살아간다니 믿을 수가 없었던 것이다. 곰곰이 생각에 잠겨 있는 것도 잠시 엘리코치와 함께 고민하던 엘리펀이 무언가 알아냈다는 듯 코로 물을 힘껏 머금어 공중에 뿜으며 말했다.

"알았어요! 연어는 그 빅비라는 친구의 움직임보다 훨씬 느리게 헤엄치는 느림보 물고기일 거예요. 제 말이 맞죠?"

엘리펀은 마치 어려운 문제의 답을 알아낸 듯 의기양양해서 싱글벙글 웃으며 말했다. 그러나 환상의 목소리는 고개를 가로저으며 물었다.

"혹시 들고양이가 달려 나가는 걸 본 적 있나요?"

"까마득한 산의 기슭에 산다는 그 들고양이들 말인가요? 봤죠. 어찌나 빠른지 눈앞에 나타났나 싶더니 어느새 산등성이까지 올라가 있더군요. 그런데 갑자기 들고양이 이야기는 왜 하시는 거죠?"

환상의 목소리가 날개를 펴서 물위를 낮게 날며 말했다. 그 속도가 어찌나 빠른지 순간적으로 엘리코치와 엘리펀은 그가 어디에 있는지 분간하기조차 어려웠다.

"연어가 헤엄치는 속도가 딱 이 정도예요. 초원에서 들고양이들이 힘껏 달릴 때의 그 빠르기와 비슷하죠."

엘리코치와 엘리펀은 깜짝 놀랐다. 빅비라는 친구가 얼마나 빠르기에 그런 속도로 움직이는 물고기를 잡아먹고 산다는 말인가? 그것도 물속에서…. 생각에 빠진 엘리코치를 내버려두고 엘리펀이 다시 개울로 들어가 물고기를 잡기 위해 허우적댔다. 그러나 물고기들은 단 한 마리도 잡히지 않았다.

생각에 빠져 있던 엘리코치가 환상의 목소리에게 물었다. 환상의 목소리는 여전히 잘 보이지 않을 만큼 빠른 속도로 낮게 물 위를 날고 있었다.

"혹시 연어라는 물고기가 헤엄치는 길목을 지키고 있다가 길을 막고 잡는 것은 아닌가요?"

"뭐 그럴 수도 있죠. 하지만 빅비가 물고기를 잡는 것을 보면 꼭 그렇지만은 않은 것 같아요. 그리고 아무리

길목을 막고 있어도 강물이 넓어서 옆으로 헤엄쳐 도망가면 소용이 없죠."

엘리코치는 다시 고민에 빠져들었다. 엘리펀은 여전히 물속에서 물고기를 잡으려고 다리를 구르거나 코를 휘젓다가 엎어지고 뒹굴고 난리가 아니었다.

그런데 갑자기 엘리코치가 코로 자기 이마를 탁 때리더니 엘리펀이 허우적대고 있는 개울 한가운데로 들어갔다. 그리고는 물속을 뚫어져라 들여다보기 시작했다.

옆에서 엘리펀이 계속 첨벙대며 물을 튕겨댔지만, 엘리코치는 그런 것쯤은 전혀 신경 쓰이지 않는다는 듯 계속 물속만 쳐다보았다. 물고기를 잡는답시고 힘을 뺀 엘리펀이 개울가로 나와 벌렁 누워버리자, 이제 물살이 엘리코치의 굵은 다리를 휘감아 지나가며 내는 작은 물보라 소리를 제외하고 개울가는 조용하기만 했다. 엘리코치는 마치 숨도 쉬지 않는 듯했다. 잠시 휴식을 취한 엘리펀이 물고기를 잡기 위해 다시 물로 들어가려 하자, 환상의 목소리가 그를 막아섰다. 대신 조용히 엘리코치를 지켜보라는 신호를 보냈다. 엘리펀은 아쉽다는 듯 입맛을 쩍쩍 다시면서 말없이 엘리코치를 바라보았다. 아무런 움직임도 없었지만, 무언가에 홀린 듯 개울 한가운데에 서 있는 엘리코치의 모습에는 눈길을 빨아들이는 무언가가 있었다.

그때였다.

엘리코치의 코가 물위로 살짝 들리는 듯하더니, 이내 물속으로 빨려 들어가 무언가를 휘감아 올렸다. 엘리코치가 코로 휘감은 것은 번쩍이며 햇빛을 한번 반사하는가 싶더니 쉴 새 없이 펄떡이기 시작했다.

물고기였다.

엘리펀은 믿기지 않는다는 듯 입을 떡 벌리고 있다가 펄쩍펄쩍 뛰며 만세를 불렀다.

"야! 해냈다. 엘리코치가 해냈다. 난 네가 해낼 줄 알았다니까!"

엘리코치도 물고기가 튕겨대는 물방울에 얼굴이 흠뻑 젖었지만, 표정만큼은 그 어느 때보다 밝았다. 이윽고 물고기를 놓아준 엘리코치가 물 밖으로 나왔다. 엘리펀이 코로 엘리코치의 얼굴에 잔뜩 묻은 물을 닦아주며 연

신 "잘했다. 잘했어"라며 기특해했다. 그러다 갑자기 환상의 목소리를 바라보며 물었다.

"그런데 그 빅비라는 친구와 엘리코치가 빠르게 헤엄치는 물고기를 잡는 것이 요즘 우리에게 생기고 있는 문제점과 무슨 상관이 있다는 거죠?"

"상관이 있죠. 아마 엘리코치는 그 상관성을 깨달았을 겁니다."

엘리펀은 엘리코치를 바라보았다. 엘리코치는 아무 말도 하지 않았다. 답답해하는 엘리펀을 보면서 환상의 목소리가 빙그레 웃더니 엘리코치에게 물었다.

"처음에 물고기를 잡아보라고 했을 때 무엇이 보였는지 말해줄 수 있나요?"

엘리코치가 띄엄띄엄 대답했다.

"개울물, 자갈, 물풀, 물고기… 산, 엘리펀… 환상의 목소리 님…"

"그럼 머릿속으로는 무슨 생각을 하고 있었죠?"

"파티에 대한 걱정, 젖은 몸을 말릴 장소, 그리고 오늘 저녁 회의 때 챙겨야 할 일들입니다."

엘리펀은 아직까지도 뭐가 어떻게 연관되는지 이해하지 못하고 있었다.

"아까 물고기를 잡을 때 무엇이 보였는지 말해줄 수 있나요?"

엘리코치의 대답은 이전보다 간단하고 명쾌했다. 그리고 그 대답에는 뭔지 모를 힘이 담겨 있었다. 적어도 엘리펀의 느낌에는 그랬다.

"물, 그리고 물고기요."

"머릿속으로는 무슨 생각들을 했죠?"

"생각들이라고 할 것도 없어요. 오직 한 가지뿐이었죠. 어떻게 물고기를 잡을 것인가? 어떻게 물고기가 움직이는 방향과 내 몸을 같은 방향으로 움직일 것인가? 이 생각밖에 없었습니다."

환상의 목소리는 질문을 마치고 흐뭇한 미소를 지어 보였다. 엘리코치도 환한 웃음으로 답했다. 여전히 무슨 이야기인지 모르는 것은 엘리펀밖에 없었다. 묘한 소외감을 느낀 엘리펀이 토라진 얼굴로 단도직입적으로 물었다.

"둘은 뭔가 의견일치가 된 것 같은데, 저는 아직 모르겠군요. 환상의 목소리 님, 저를 위해 좀 쉽게 말씀해주시지요."

엘리펀의 항의 아닌 항의에 환상의 목소리가 그의 앞으로 날아와 살며시 고개를 숙인 뒤 자세하게 설명하기 시작했다.

"아까 엘리코치가 물고기를 잡은 방법이 바로 내 친구 빅비가 연어를 잡는 방법입니다."

"무슨 방법인데요?"

"간단하죠. '물에 빠져들고 물고기에 빠져들라!'"

엘리펀은 설명을 들을수록 더 모르겠다는 표정을 지어보였다.

"물고기를 잡으려면 물에 빠져야 하는 것은 알겠는데, 물고기에 빠지는 것은 또 뭐죠?"

"빠지는 것이 아니라 빠져드는 거예요. 어려운 말로 '몰입'이라고 하죠."

이해할 듯 하면서도 여전히 고개를 갸웃거리는 엘리펀에게 환상의 목소리는 빅비라는 아메리칸 회색 곰이 연어를 잡는 방법을 설명해주기 시작했다. 빅비는 그다지 행동이 재빠르지도 눈썰미가 있지도 못한 친구라고 했다. 오히려 자신이 사는 초원에서 가장 행동이 굼뜨고 둔한 동물에 속한다고 했다. 그럼에도 그는 가장 빨리 움직이는 물고기 중 하나인 연어를 잡아먹으며 살아간다고 했다.

"그가 물고기를 잡을 때의 모습은 아까 엘리코치가 물고기를 잡던 모습과 똑같아요. 빅비는 들판에 사는 동물이지만, 그 순간만큼은 마치 물에 사는 물고기처럼 완전히 물에 빠져들어 그 속에서 헤엄치는 물고기와 움직임을 같이 하죠. 그때 그의 눈에는 산 위의 눈도, 들판에 핀 들꽃도, 바람결에 흩날리는 꽃잎도 보이질 않아요. 오직,"

환상의 목소리의 설명을 듣는 엘리코치와 엘리펀의 머릿속에는 넓은 초원 한가운데를 흐르는 강에서 물속을 뚫어져라 쳐다보며 물고기들의 움직임에 자신을 온전히 맡긴 회색곰 한 마리의 모습이 오롯이 그려졌다.

"오직 물 그리고 물고기만 보일 뿐이죠. 그리고 그 순간이 바로 초원에서 가장 느린 동물이 물속에서 가장 빠른 물고기를 잡을 수 있는 기적의 순간이죠."

한창 환상의 목소리의 이야기에 빠져 있던 엘리코치와 엘리펀은 순간적으로 시끄럽게 흐르는 개울물 소리가 작고 나긋나긋한 환상의 목소리의 이야기에 묻혀 들리지 않는 경험을 했다.

'듣고자 하는 것 보고자 하는 것에 빠져들면, 다른 것은 들리지 않고 보이지 않을 수도 있는 것인가?'

엘리코치는 늘 오던 개울가에서 이런 신기한 경험을 할 수 있으리라고는 상상하지 못했다. 생각에 잠겨 들던 엘리코치의 귀로 다시 환상의 목소리의 이야기가 들려왔다.

"그게 바로 '몰입의 힘'이죠."

이제야 엘리코치와 엘리펀은 환상의 목소리가 왜 자신들을 이곳으로 데려와 물고기를 잡으라고 했는지 감이 오기 시작했다.

"그렇다면 아까 저희가 여쭤본 문제에 대한 해결책이

바로 그 몰입에 달려있나요?"

환상의 목소리는 대답 대신 개울물을 한번 가리킨 뒤 물 위로 재빠르게 날았다.

"우리가 무언가에 몰입하면 새로운 것이 보이기 시작하죠. 꿀을 따기 위해 산으로 올라가다 보면 어느새 두려움에 한번도 오르지 못했던 절벽 위에 올라선 자신을 발견할 때도 있고, 열매를 따기 위해 발버둥치다 나뭇가지에 찔려 상처가 난 줄도 모르고 계속 열매를 따는 자신을 깨닫기도 합니다. 그 순간에 바로 몰입이 일어난 거죠."

엘리코치와 엘리펀은 자신들에게 있었던 몰입의 순간을 떠올렸다.

"몰입이 일어난 순간에는 새로운 가치체계가 수립되죠. 이전까지 '내가 어떻게 그걸 하겠어?', '내가 왜 해야 하지?'라고 생각하던 이들도 무언가에 진정으로 몰입하게 되면 그걸 달성하기 위해 자신의 모든 에너지와 역량을 쏟아 부을 수 있게 됩니다. 그 순간에 나보다 더 중요한 무언가를 발견하도록 가치체계가 바뀌는 거죠."

엘리펀은 파티 진행에 대한 계획을 세우기 위해 모였던 지난 회의를 떠올렸다. 모두들 '어떻게 하면 파티를 잘 치를 수 있을까?'라는 목표에 '빠져들지' 못하고, 각각의 목소리로 의견을 내고 겉으로만 맴돌고 있었다. 그러다 보니 누구도 '물고기를 잡지' 못하고 '물에 흠뻑 젖기만' 한 꼴이었다. 요즘 늘 그랬다.

"몰입! 몰입이 필요하군요. 지금 우리에게 정말로 필요한 것은 말로만 하는 '파티 준비'가 아니라 '파티 준비'에 대한 진정한 몰입이었어요!"

엘리펀은 무언가를 깨달았다는 듯 기뻐서 소리쳤다.

"맞아요. 몰입은 단순히 가치체계를 변하게 하는 데서 끝나는 것이 아니라, 아주 놀라운 효과를 발휘하기도 하죠."

엘리펀은 이제 뭔가 깨달았다고 생각했는데, 또 다른 이야기가 나오자 머리가 아프다는 표정을 지어 보였다. 그 모습을 본 환상의 목소리가 두 날개를 내밀어 흔들며 말했다.

"아, 머리 아플 것 없어요. 똑같은 이야기니까."

환상의 목소리는 엘리코치와 엘리펀 사이로 날아오르며 이야기를 이어갔다.

"몰입은 그 자체로도 우리의 가치체계를 변화시켜 하고자 하는 일의 새로운 가치를 발견하고 그것을 더 잘하도록 하는 힘이 있지만, 진정한 몰입이 일어나면 더불어 '열정'이라는 놀라운 효과도 얻을 수 있어요."

"열정이요?"

"네, 열정이요. 우리가 경험할 수 있는 가장 놀라운 에너지 중 하나죠. 엘리펀에게 물어보죠. 아까 엘리코치가 물고기를 잡기 위해 물에 들어가 몰입할 때, 그리고 결국 물고기를 잡아냈을 때 기분이 어땠죠?"

갑작스러운 질문에 엘리펀은 잠깐 생각에 잠겼다가 대답했다.

"꼭 잡아냈으면 좋겠다… 그런 생각이랑… 아무튼 가슴 벅차고 뭔가 이루어질 것 같다는 느낌이 들었어요."

"몰입의 두 번째 가치이자 가장 놀라운 효과 중 하나가 바로 그거예요. 몰입하는 자신에게 '할 수 있다', '해야 한다'는 강한 자신감과 에너지를 불러일으키고, 주위 동료들에게도 '할 수 있다', '하면 좋겠다', '할 수 있도록 도와주자'라는 생각이 들게 하죠. 그런 에너지는 무리 전체에게 엄청난 발전의 원동력이 되지요. 그 에너지가 바로 열정입니다."

"몰입과 열정이라…"

엘리코치와 엘리펀은 몇 번이나 몰입과 열정이라는 말을 반복했다. 마치 잊기라도 하면 큰일이 나는 주문인 것처럼….

고민에 빠진 엘리코치를 두고 엘리펀은 아까와 달리 매우 조심스럽고 신중한 자세로 다시 개울로 들어갔다.

잠시 후, 어떻게 하면 기린과 코끼리들이 열정을 가지고 이번 파티를 준비하고, 이후 초원에서의 삶에 활력을 불어넣을 수 있을까를 고민하던 엘리코치의 귀에 엘리펀이 외치는 소리가 들려왔다.

"야호! 나도 잡았다. 물고기를 잡았어. 그래, 엘리코치 이거야! 바로 이거야! 몰입이라고! 자, 이럴 게 아니

라 얼른 가서 파티 준비에 빠져들어 보자고. 물고기가
아닌 더 큰 걸 낚아 올리겠어!"

엘리펀은 제법 큰 물고기를 코로 들어 이리저리 흔들
어보였다.

은빛 물고기가 햇살 아래 반짝거렸다.

5. 열정의 온도를 높여라!

미쳐야 미친다. 열정을 관리하라!

빠지는 것이 아니라 빠져들어야 뭔가를 성취할 수 있다. 물아일체物我一體의 경지에 이를 정도로 한 곳에 집중하고 몰입해야 목표에 이르는 여정과 결과가 의미 있고 보람을 느낄 수 있다. 위대한 성취 뒤에는 항상 열정적으로 몰입한 흔적과 헌신의 체취가 묻어 있다. 미치지狂 않고는 미칠及 수 없다不狂不及. 빠지려면 빠져들어야 하고 그러기 위해서는 몰입의 대상과 목표를 분명하게 정의하고 세상의 복잡함을 단순화해 에너지를 집중해야 한다. 미치려면 미칠 수 있는 대상과 추구하는 목표가 분명하고 단순해야 하는 것이다. 내 앞에 놓인 도전과제와 이를 극복할 수 있는 능력이 갖추어져 있을 때 몰입의 경지에 도달하게 된다.

모든 기업이 직면하고 있는 난관을 돌파할 수 있는 힘은 열정적인 몰입과 반드시 해내고야 말겠다는 불굴의 의지 그리고 헌신에서 비롯된다. 이때 어떤 이유에서든 열정의 불꽃을 꺼뜨리려는 내외의 방해공작이 끊임없이 펼쳐질 것이다. 그럴 때마다 식어가는 열정에 다시 불을 지필 수 있는 것은 목표 달성에 대한 헌신이다. 헌신은 열정의 강도를 유지시키는 촉매제일 뿐 아니라 식어가는 열정 에너지를 회복시키는 기폭제이다. 헌신이 뒷받침되는 열정이어야 오래 탈 수 있다. 열정과 헌신의 두 바퀴가 만들어가는 아름다운 동행 여정에는 어떠한 불가능의 장벽도 고개를 숙인다.

1 "칭기즈칸에게 열정이 없었다면, 그는 평범한 양치기에 불과했을 것"이라는 말처럼 열정의 유무는 성과에 직접적인 영향을 미친다. 그러므로 '열정'을 관리할 필요가 있다. 우선 하늘을 찌를 듯 열정 에너지가 샘솟게 하는 말과, 열정을 싸늘히 식게 만드는 말을 추출해 '열정어록'을 만들어보라. 긍정적인 열정어록과 부정적인 열정어록으로 구분해 각각 5가지 이상의 일상적인 말을 기록하는 것이다. 긍정적인 어록은 열정이 식어갈 때 그리고 부정적인 어록은 열정에 대한 경각심을 일깨우고 싶을 때 읽어본다.

2 최근 6개월 동안 여러분을 미치게 만들어 완전히 몰입했던 일이 있다면 그 상황을 구체적으로 떠올려보라. 그처럼 몰입하게 만든 요인은 무엇이라고 생각하는가? 당시 어떤 기분이었는가? 몰입하게 만드는 요인과 조건에 대해 팀원들과 토론해보고, 그 결과를 정리해 여러분 업무에 적용할 수 있도록 일종의 '몰입 카페'를 설계해보라. '몰입 카페'에 가면 카페 인테리어, 종업원의 사고방식과 일하는 방식, CEO의 경영철학과 리더십 및 의사결정 방식, 팀 리더의 리더십은 물론 업무제도나 시스템, 인사평가, 보상방식에 대한 논의를 전개한다.

3 열정적인 조직과 그렇지 않은 조직을 구분한 다음 양쪽의 차이점을 찾아본다. 현재 몸담고 있는 조직은 열정이라는 측면에서 어떤 특성을 갖고 있는가? 열정적인 조직으로 거듭나기 위해서는 어떤 노력과 조치가 필요한가?

흔들리는 주인의식

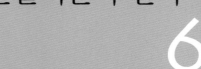

운 좋게 음식을 다시 구해

무사히 파티를 연다고 해도

그 파티의 주인은

여러분이 아니에요!

D-7일 비에 쓸려 내려간 파티 음식

"아~ 잘 잤다."

기린 사이에서도 유난히 목이 길기로 유명한 기린아는 긴 목을 있는 대로 뻗어 기지개를 켠 뒤 자리에서 일어났다. 다른 기린과 코끼리들도 자리에서 일어나 몸을 풀었다.

눈을 뜰 때는 정신이 없어서 잘 몰랐는데 제법 많은 비가 오고 있었다.

"어, 비가 오고 있었네?"

기린아는 자신이 잠들었던 나무 그늘에 서서 고개를

빼고 여기저기를 둘러보며 말했다. 빗방울이 제법 굵었다. 다른 기린과 코끼리들도 울창한 나무 아래나 바위산 한쪽의 움푹 들어간 곳에서 비를 피하고 있었다. 비는 가끔 천둥과 번개를 동반했지만, 오후가 되자 언제 비가 왔었냐는 듯 하늘은 한없이 맑기만 했다.

오랜만에 내린 비 덕분에 하루 일을 건너뛴 무리는 삼삼오오 모여 장난을 치거나 이른 저녁식사를 하기도 했지만, 몇몇은 자신이 맡은 일을 하기 위해 서둘러 담당 구역으로 뛰어갔다.

그때였다. 들판에 세워지던 파티 무대의 뒤편에서 한 코끼리가 고함치는 소리가 들려왔다. 자세히 들어보니 파티에 쓸 음식을 책임지고 있는 엘리푸드의 목소리였다. 처음에 동물들은 엘리푸드가 장난치는 것이라고 생각해서 아무도 관심을 기울이지 않았지만, 고함소리는 꽤 시간이 흐르도록 계속되었고 목소리에도 어딘지 모르게 절박감이 묻어났다. 그러자 동물들은 하나둘 고함소리가 나는 곳으로 뛰어갔다.

그곳은 파티에 쓸 음식을 모아놓은 곳이었다. 엘리푸

드는 그 앞에 서서 고함을 지르고 있었다.

"음식… 음식!"

"음식?"

헐레벌떡 달려온 기린과 코끼리들은 엘리푸드가 가리키는 방향을 바라보았다. 그곳은 파티에서 쓸 음식을 안전하게 보관하기 위해 만들어둔 일종의 보관창고였다. 그러나 그들의 눈앞에 펼쳐진 광경은 창고라고 하기엔 너무도 민망한 모습이었다. 경계나 벽의 구실을 했어야 할 나뭇가지 담장은 모두 무너져 어디부터가 창고이고 어디부터가 길인지 알 수 없을 지경이었다.

더욱이 지금쯤이면 꽉 채워져 있어야 할 음식이 오간데 없이 사라지고 대신 그 자리에는 다 뭉그러진 과일 몇 개와 지푸라기가 진흙과 범벅이 되어 널브러져 있었다.

"이게 어찌된 일이야?"

소식을 듣고 뛰어온 기린아가 고함을 지르다 지쳐 주저앉은 엘리푸드에게 다그쳐 물었다.

"음식… 음식… 내 과일… 아까운 건초…"

엘리푸드는 기린아의 질문에 대답하지 않고 계속 진

흙을 파내며 과일 반쪽, 건초 한 포기라도 건져내기 위해 무의미한 행동을 반복하고 있었다. 반쯤 넋이 나간 듯했다. 엘리푸드의 지시를 받아 음식을 준비하던 다른 기린과 코끼리들이 대신 답했다.

"간밤에 내린 비가 넘쳐흘렀던 것 같아."

"그 물이 반대편 언덕의 흙을 쓸어내려 이곳에 쌓아 놓은 음식을 죄다 휩쓸어버린 거지."

그 말이 끝나기가 무섭게 엘리푸드가 발끈하며 일어
섰다. 그리고는 마지막으로 대답한 코끼리에게 다가가
한 대 칠 듯이 매섭게 다그쳤다.

"마치 너하고는 상관없는 일인 것처럼 말하는구나!
음식 관리는 너희들 책임이었잖아!"

엘리푸드의 질책에 파티에 쓰일 음식을 담당했던 다른 기린과 코끼리들도 지지 않고 맞섰다.

"누가 상관없대? 그래도 파티 음식 담당 대표는 너잖아! 지금 네 책임을 우리한테 덮어씌우려는 거야?"

"뭐? 책임을 덮어씌워? 말이면 단 줄 알아?"

갑작스럽게 재난을 당한 기린과 코끼리들은 엉망이 된 음식창고보다 더 엉망으로 싸웠다. 보다 못한 기린아가 중간에 끼어들었다.

"음식을 다시 구해보자."

기린아의 말이 끝나기가 무섭게 음식을 담당했던 기린과 코끼리들이 정색을 하며 나섰다.

"말도 안 돼."

"우리가 그 음식을 구하기 위해 얼마나 애를 썼는데… 지금부터 다시 구하라고? 못해!"

"네가 우리처럼 고생해보지 않아서 그래. 가시에 찔리고 덤불에 휘감기고…. 얼마나 고생하며 모은 음식인 줄 알아?"

이윽고 엘리푸드가 조금 가라앉은 목소리로 말했다.

갑작스레 당한 엄청난 일에 망연자실한 표정이었다.

"우리가 모은 과일과 건초의 양이 얼마나 되는 줄 알아? 자그마치 만 마리분이야. 지금부터 그걸 모은다는 건 시간상 불가능한 일이고, 시간이 있다고 해도 이미 이 근처는 샅샅이 뒤졌기 때문에 남은 음식이 얼마 되지 않아. 어떤 식으로든 음식을 다시 모으는 것은 불가능해."

엘리푸드는 땅이 꺼져라 한숨을 내쉬었다. 뒤에서 몇몇 기린과 코끼리가 수군대는 소리가 들려왔다.

"무대 연출을 맡은 애들은 별로 고생하지 않고 편하게 일하면서도 잘만 되던데, 우리는 이게 뭐야?"

"거기는 기발한이 이끌고 있잖아. 한마디로 리더를 잘 만난 거지 뭐."

그 말에 낙담하고 있던 엘리푸드가 발끈하고 일어섰다.

"너희들 지금 뭐라고 했어. 다시 말해 봐!"

"아니, 뭐… 그냥, 아무 말도 안 했어."

몇몇 기린과 코끼리가 엘리푸드의 매서운 눈빛에 슬슬 뒷걸음치며 꽁무니를 내렸다.

"기발한 덕분에 무대 연출을 맡은 애들은 별로 힘들이지 않고 잘하고 있다고 그랬잖아! 그럼, 우리가 음식을 잃고 어려움을 겪는 게 모두 나 때문이란 말이니?"

엘리푸드는 흥분해서 마구 소리치며 화를 냈다. 그 기세에 눌려 슬며시 꽁무니를 내리던 기린과 코끼리들 중 하나가 소리쳤다.

"엘리푸드, 사실 네가 조금만 잘 이끌었으면 오늘 같은 일은 없었을지도 몰라."

그 말이 끝나기가 무섭게 다른 기린과 코끼리도 엘리푸드를 비난하기 시작했다.

"네가 너무 고집을 부려 음식창고를 여기에 세우자고 하는 바람에 일이 이렇게 된 거잖아!"

"대표라고 으스댔으면 어제처럼 비가 올 때 한번이라도 나와 봤어야 하는 거 아냐?"

처음에는 엘리푸드에게 반감을 갖고 있던 기린과 코끼리들이 기가 살아 일방적으로 엘리푸드를 몰아세웠지만, 이내 엘리푸드의 편을 드는 기린과 코끼리도 생겼다.

"사실 어젯밤에 엘리푸드가 순서대로 한 명씩 돌아가

며 나와서 살펴보라고 했잖아. 그걸 안 지킨 우리가 더 문제 아냐?"

"애초에 큰 비만 오면 물이 넘치는 이런 곳에 음식창고를 마련하자고 했던 엘리푸드의 잘못이 제일 커!"

점점 다툼이 커지면서 엘리푸드 측근과 나머지 무리로 편이 나뉘어 싸움을 하고 있었다. 더욱이 음식창고 문제뿐 아니라 그간의 해묵은 문제까지 들춰내 감정싸움으로 번지고 있었다. 기린아는 물론 소식을 듣고 달려온 엘리코치까지 가운데 끼어 양쪽을 말렸지만, 서로의 감정싸움은 일파만파 커지고 있었다.

두 패거리 사이에 끼어 말리는 데 지친 기린아와 엘리코치는 아까부터 진흙으로 뒤덮인 음식창고 주변을 한가롭게 날아다니는 환상의 목소리를 발견하고 도움을 요청했지만, 그는 그 부탁을 모른 척하며 하늘 높이 날아가 버렸다.

"좋아, 너희들 멋대로 하라고! 까짓 거 파티에서 물만 마시면 되지 뭐. 초원의 동물들 앞에서 망신 한번 톡톡히 당해보자고!"

"맘대로 하셔! 우리도 더 이상 제멋대로 구는 너와 함께 일할 수 없어. 우리 힘으로 구할 수 있을 만큼 음식을 구해서 우리끼리 파티를 즐길 거야!"

앞장서서 엘리푸드를 욕했던 기린과 코끼리들은 당장이라도 음식을 구하러 나설 태세였고, 엘리푸드의 편을 들던 기린과 코끼리들은 나 몰라라 하며 낮잠이나 자러 가야겠다고 말했다.

"그토록 애써서 준비해왔는데, 결국 이렇게 되어 버렸어."

"그러게. 이제 어떻게 해야 할지…"

기린아와 엘리코치는 말을 멈춘 채 엉망이 된 음식창고를 팽개치고 서로 다른 방향으로 가려는 기린과 코끼리 무리를 바라보았다. 둘은 가운데 끼어 아무것도 할 수 없는 자신들의 모습이 한심하게 느껴져 참을 수가 없었다. 한동안 그 자리에 서 있던 그들에게 환상의 목소리가 날아들었다.

"아니, 어디 가셨었어요? 이제 오시면 어떻게 해요.

모두 끝났어요. 다 끝났다고요."

기린아가 원망 섞인 목소리로 환상의 목소리를 향해 말했다. 그러나 그는 별로 개의치 않는다는 듯 경쾌한 날갯짓을 계속했다. 이번에는 엘리코치가 그를 향해 외쳤다.

"무슨 방법이 없을까요? 이대로 파티는 물 건너가고 마는 건가요?"

환상의 목소리는 아무 말 없이 이리저리 날아다니기만 했다. 기린아와 엘리코치는 별 수 없이 그의 날갯짓을 바라보고 있을 수밖에 없었다. 얼마 후, 환상의 목소리가 노기 띤 목소리로 말했다.

"저는 여러분이 초원에 사는 동물 중에서 가장 똑똑하다고 생각했는데, 오늘 일을 보니 제가 크게 착각했나 보네요."

언제 어느 때든 늘 유머 넘치는 말투와 상냥한 음성으로 대답해주던 환상의 목소리였기에 지금의 성난 목소리가 낯설었다. 바짝 주눅이 든 기린아가 조금 전에 원망을 털어놓을 때와 달리 기어 들어가는 목소리로 물었다.

"그래서 환상의 목소리 님께 도움을 요청하는 것입니다. 어떻게 하면 좋겠습니까?"

"글쎄요, 그냥 될 대로 되라고 해요. 아까 엘리푸드 님의 말처럼 그냥 물만 마시며 파티를 하는 것도 괜찮고."

환상의 목소리는 계속 빈정거리며 이야기를 이어나갔다. 그런 빈정거림은 그가 기린과 코끼리에 대해 많이 실망하고 화가 났음을 말해주고 있었다.

"어차피 운 좋게 여러분이 음식을 다시 구해 무사히 파티를 연다고 해도 그 파티의 주인은 여러분이 될 수 없을 테니까요."

이제껏 멋진 파티를 기대하며 힘든 준비 과정을 겪어 온 그들에게 지금 환상의 목소리가 하는 얘기는 청천벽력과도 같은 것이었다.

"아니 파티의 주인이 될 수 없다니 그게 무슨 말입니까? 우리 말고 파티를 준비하고 있는 다른 동물이 있기라도 하단 말씀이세요?"

엘리코치의 놀란 물음에 환상의 목소리는 날갯짓을

잠시 멈추고 바위 위에 앉아 혀를 끌끌 찼다.

"그게 아니라 파티를 열지라도 여러분 중에 '주인'은 하나도 없고, 죄다 '머슴' 아니면 '상전' 밖에 없으니, 진짜 파티의 주인 될 자는 없을 거란 말입니다."

"머슴 아니면 상전이라고요?"

"머슴의식은 자신을 제외한 상대방을 주인이라 생각해 시키고 관리하고 확인하지 않으면 알아서 하지 않는 것을 말합니다. 반대로 상전의식은 나만 잘났고 나만 편하자고 남들에게 일을 떠맡기고 알아서 하라는 식으로 버티는 거죠. 모두의 일을 곧 내 일로 받아들이는 주인의식이 없으니, 파티를 연다고 해도 파티의 주인은 못되고 모두 머슴 아니면 상전이 되고 말겠지요."

기린아와 엘리코치는 여전히 네가 잘했니 내가 잘했니 실랑이를 벌이며, 각각 제 갈 길을 가려고 하는 기린과 코끼리 무리를 바라보았다.

어젯밤 비가 올 때, 누구도 자신의 일이라 생각하며 확인하고 책임지려 한 동물이 없었다. 그것은 기린아나 엘리코치도 마찬가지였다. 리더의 자리에 오래 머물면서 어느새 모든 일에 주인이기보다 상전인 듯 행세하려 했던 것이다.

"저기서 실랑이를 벌이는 무리 중 하나라도 빗물에 휩쓸려 가버린 음식이 '우리 음식'이 아니라 '내 음식'이라고 생각했어도, 어젯밤 그 비에 음식이 그렇게 방치되지는 않았을 거예요. 또한 엘리코치를 포함한 여러 리더 중 누구라도 '음식을 챙겨라'가 아니라 '비가 올지 모르니 함께 음식을 챙기자'라고 했어도, 파티 때 물만 마시자는 말은 나오지 않았을 겁니다."

이야기를 마친 환상의 목소리는 혼잣말을 하며 하늘 멀리 날아가 버렸다.

"무리에게는 열 명의 '진정한 주인'이 백 명의 '상전'과 만 명의 '머슴'보다 훨씬 나은 법인데. 쯧쯧쯧."

그때였다. 계속 다투고 있는 줄 알았던 기린과 코끼리들이 잠자코 서 있었다. 아까부터 환상의 목소리가 하는 이야기를 듣고 있던 모양이었다.

"듣고 있었니?"

기린아가 다른 기린과 코끼리들에게 물었다.

"응."

"언제부터?"

"아까 환상의 목소리 님이 우리 중에 '주인'은 없고, '상전'과 '머슴'만 있다고 하셨을 때부터…"

대답을 하는 엘리푸드의 목소리는 조금 전 다툴 때와는 달리 한층 기세가 꺾여 있었다. 더욱 놀라운 건 아까부터 그가 계속 중얼거리고 있는 말이었다.

"그래 난 상전이었어. 한번도 주인인 적이 없었어. 그래 난 상전이었어. 한번도 주인인 적이 없었어."

그는 '상전', '상전노릇'이라는 말에 적잖은 충격을 받은 모양이었다. 환상의 목소리의 말에 충격을 받기는 엘리푸드와 맞서 싸우던 다른 기린과 코끼리들도 마찬가지였다. 그들은 '머슴'이라는 말에 엘리푸드보다 더 큰 충격을 받은 듯했다.

"결국 우리는 머슴 수준이었나?"

웅성거리던 그들은 점점 잠잠해지더니, 이내 아무 말 없이 모두 진흙에 파묻힌 과일과 서로의 얼굴 그리고 하늘을 번갈아 쳐다보고 있었다.

"저기… 저 언덕 너머로 가면 아주 깊은 계곡이 있어."

아까 음식을 다시 구해보자는 기린아의 말에 가장 앞
장서서 음식을 구할 수 없다고 주장했던 그 기린이었다.

"그 계곡의 가운데는 한여름에도 무척 싸늘해서 식물
이 잘 자라지 않거든."

"근데?"

"거기에 수백 그루의 사과나무가 있어. 원래 우리 초
원같이 더운 곳에서는 볼 수 없는 과일인데, 거기가 워
낙 서늘하니까 열매가 열리나 봐. 우리가 음식을 모으던
지난주에는 익지 않았던데 오늘쯤이면 다 익었을 거야."

기린과 코끼리들은 환호성을 질렀다. 다른 코끼리가
반걸음 정도 앞으로 나서며 말했다.

"저기 보이는 저 수풀을 지나 언덕 두 개 정도를 넘으
면 우리가 사는 들판보다 조금 좁은 들판이 있어. 그곳
에 밀이 자라고 있는데 아침에 보니 어젯밤의 번개에 모
두 탔더라고."

"못 먹게 된 걸 뭐 하러 얘기하니? 바보 아냐?"

사과를 구할 수 있다는 얘기에 한껏 들떴던 기린과 코끼리들은 다 타버린 밀 이야기를 하는 코끼리에게 심한 핀잔을 주었다. 그러나 그 코끼리는 조금도 물러서지 않고 말했다.

"못 먹게 된 게 아니야. 거기는 번개가 자주 치는 곳이라 밀이 조금 익을라치면 불에 그슬려 버리고 마는데, 불에 그슬린 밀이 우리가 그냥 먹던 그 밀 맛이 아니야. 한층 더 구수하고 깊은 맛이 난다고나 할까? 나만 알던 별미를 알려주는 거라고."

둘의 이야기를 시작으로 기린과 코끼리들은 자기만 알고 있는 장소에서 구할 수 있는 각종 과일과 건초, 꿀, 견과, 뿌리식물 등을 털어놓기 시작했다.

"난 바위덩어리만한 벌집이 매달린 동굴을 알아."

"내가 새벽에 주로 산책하는 길가에는 뿌리에서 단맛이 나는 풀들이 널려 있어."

아까만 해도 끝장을 볼 듯이 다투던 기린과 코끼리들의 분위기는 급격히 바뀌고 있었다. 그들은 어느새 다시 음식을 모으기 위한 방법과 계획을 짜고 있었다. 먼 곳에 있는 음식을 담당한 몇몇 기린은 벌써 저만치 길을 떠나고 있었다.

기린아는 이런 놀라운 변화가 믿기지 않아 하루라도 빨리 필요한 음식을 더 구할만한 장소를 찾기 위해 남아서 회의를 하고 있는 무리에게 물었다.

"아까는 음식을 구할만한 곳이 없겠냐고 그렇게 물어도 가만히 있더니, 다들 갑자기 왜 털어 놓는 거야? 비밀 장소를…"

그러자 회의를 하던 기린과 코끼리들이 언제 서로 싸웠느냐는 듯 입을 모아 대답했다.

"주인 된 도리로 파티에 오는 손님들을 물만 먹여 돌려보낼 수는 없잖아. 안 그래?"

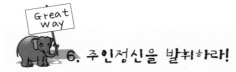

6. 주인정신을 발휘하라!

항상 받는 것보다 더 하겠다는 자세를 갖춰라

환상의 목소리는 누군가가 시키고 관리하지 않으면 주도적으로 자신의 일을 추진하지 않는 머슴의식과 남들에게 모두 떠넘기고 자신은 책임지지 않는 상전의식이 존재하는 한, 어떤 일도 성공적으로 추진되지 않는다는 점을 지적하고 있다.

내 인생의 주인은 나다. 내가 내 인생에 스스로 명령을 내리지 않으면 남의 명령에 복종하면서 살아갈 수밖에 없다. 마찬가지로 내가 다니는 회사의 주인도 나다. '나는 회사에 고용된 직원이 아니라 내가 이 회사의 주인이다'라고 생각하면 모든 것이 소중해진다. 상전으로 군림하거나 직원으로 고용된 사람이라고 생각해서는 '내 일'이 아니라 누군가가 책임져야 할 '우리의 일'이 되고 만다. 일터를 무대로, 자신을 무대에서 공연하는 주연으로 생각하라! 그러면 저절로 책임의식이 생기고 매사를 적극적으로 바라보게 되며 주도적인 삶이 전개된다.

사장처럼 일하라! 사장의 입장에 서면 구성원에 대한 따뜻한 관심과 배려가 생기며 모두가 소중한 존재로 다가온다. 사장도 회사의 구성원이 존재할 때 비로소 의미 있는 자리로 다가온다. 따라서 누구 위에 군림하기보다 다른 사람과 더불어 살아가는 공동체의 주인이자 구성원이라고 생각한다면, 자기 자신은 물론 주변이 놀라울 정도로 변화하는 모습을 볼 수 있을 것이다. 책임은 누군가가 일방적으로 지는 '부담'이 아니라 함께 나누는 아름다운 관심이자 배려이다.

위대한 기업, 위대한 길

1 '직무기술서' 중심으로 일을 시키고 또한 그것을 중심으로 성과를 평가한다면,
일을 위한 일에 몰두하게 되고 누구를 위한 일인지 그 일로 인해 최종적으로 혜
택을 보는 사람이 누구인지가 분명해지지 않는다. 이러한 '직무기술서' 중심의
방식에서 벗어나는 방법 중 하나가 '서비스 계약서'를 작성하는 것이다. '서비
스 계약서'에는 모든 일이 고객중심으로 정리되어 있고, 업무성과는 고객만족도
에 따라 평가된다. 지금 여러분이 하고 있는 일을 고객중심의 '서비스 계약서'
로 작성해보고 다른 팀원과 함께 논의해보라.

2 주인정신의 미덕은 솔선수범 아래서 발휘된다. 비유적으로 운전기사와 승객의
입장을 놓고 생각해보자. 운전기사의 미션은 무엇일까? 또한 승객의 미션은 무
엇일까? 두 사람의 미션 차이는 인생관 또는 삶에 대한 자세 및 태도와 가치관
의 차이를 가져온다. 조직을 두 팀으로 나눠 한 팀은 운전기사 역할을 하고, 다
른 팀은 승객 역할을 하면서 인생관과 가치관 측면에서 어떤 차이가 있는지 논
의해보라. 그리고 운전기사와 승객의 비유가 주인정신과 책임의식을 제고하는
데 어떤 시사점이 있는지 도출해보라.

3 관계를 맺는다는 것은 책임진다는 것이다! 책임지는 상사 밑에 열정적인 팀원이
존재한다. 책임의식을 중심으로 책임을 전가하는 상사의 유형 또는 팀원이 가장
싫어하는 상사의 유형을 분류해 논의해보라. 예를 들면 사내 갈등을 무시하는
상사, 거만한 상사, 우유부단한 상사, 충동적으로 행동하는 상사, 권한이나 책임
을 위임하지 않는 상사, 인내력이 부족한 상사, 고집이 센 상사, 전문적이지 못
한 상사, 일방적으로 강요하는 상사 등이 있을 것이다.

진정한 존중

7

산양들이 딱딱한 음식을

먹을 수 있나요?

들쥐에게 이처럼 까마득히 높은

무대가 보일까요?

D-DAY 누구를 위한 파티인가

마침내 그날이 왔다.

가슴 벅찬 설렘에 간밤에 한숨도 못잔 기린아는 통통 부은 눈으로 숲을 바라보며 길게 기지개를 켰다.

엘리코치도 마찬가지였다. 오늘의 파티를 생각하며 이리저리 뒤척이느라 한숨도 못 잤지만, 그 어느 때보다 더욱 기대감에 부풀어 자리에서 가뿐히 일어났다.

아직 해가 뜨려면 멀었지만, 파티가 열릴 들판에는 벌써 몇몇 기린과 코끼리가 모여 간밤에 파티를 위해 준비한 꽃에 내려앉은 이슬을 닦아내거나 상한 과일들을 골

라내고 있었다.

"모두 잘 잤니?"

"응!"

몇 주일이 넘도록 저마다 맡은 분야에서 파티를 준비하느라 지치고 힘들었을 텐데도, 기린과 코끼리들은 누구 하나 피곤한 기색 없이 열심히 맡은 일에 몰두하고 있었다.

"이제 오늘 저녁이다. 자, 조금만 더 준비에 박차를 가하자!"

하루가 어떻게 지난 줄도 모르게 밤이 찾아왔다. 오늘 밤 달이 뜨기 시작하면 들판의 북쪽에 설치된 무대에서 꽃비가 내리는 것을 신호로 파티가 열릴 것이었다. 밤부터 시작한 파티는 다음날 아침까지 계속 이어지도록 준비되어 있었다. 우여곡절이 많았지만 그래도 꽤 훌륭한 파티가 될 것 같았다. 음식도 풍부했고 장식들은 화려했으며 손님들에게 보여줄 춤과 노래 준비도 훌륭했다.

엘리코치와 기린아는 파티장 이곳저곳을 돌아보며 준

비 상황을 점검했다. 모두들 들떠서 분주하게 움직였다. 생동감 있는 그 모습에 엘리코치와 기린아는 절로 만족스러운 웃음이 터져 나와 참을 수 없을 정도였다. 모두들 기대감과 만족감이 한데 섞인 웃음이 끊이지 않았다. 다만, 들판이 내려다보이는 바위산에 서 있는 엘리멘토와 기라성만이 그런 그들의 모습에 불안한 표정을 감추지 못하고 있었다.

"아이들이 준비를 착실하게 한 것 같습니다."
"그렇네요."
초원에 저녁이 왔음을 알리는 서늘한 바람이 둘의 온몸을 휘감았다.
"그런데 엘리멘토 님의 표정이 좋지가 않습니다. 무슨 일이라도 있으세요?"
기라성이 두 눈은 여전히 언덕 아래를 향한 채 기린과 코끼리들이 파티를 준비하는 모습을 바라보며 말했다. 엘리멘토 역시 고개를 돌리지 않고 대답했다.
"그냥 조금⋯ 그러는 기라성 님의 표정도 좋지 않

네요."

"저 역시 그냥 조금…"

둘은 계속 저 아래의 들판을 바라보고 있었다. 한참만에 다시 입을 연 것은 엘리멘토였다.

"어떻게 생각하세요? 오늘 파티가 성공적일 거라고 생각하시나요?"

"글쎄요. 준비를 잘했으니 잘돼야지요. 다만…"

기라성은 대답을 하다가 뒤끝을 흐렸다. 들판 쪽만 뚫어지게 바라보던 엘리멘토가 기라성에게로 고개를 돌렸다. 기라성 역시 엘리멘토를 바라보고 있었다.

"다만이라면… 역시 기라성 님도…?"

엘리멘토와 기라성은 대화를 마치기도 전에 고개를 돌렸다. 들판을 바라보는 그들의 표정은 조금 전보다 훨씬 더 심각했다.

밤이 되자, 초원은 파티가 열리는 들판을 제외하고는
모두 어둠과 적막 속에 빠져들었다. 이제 파티를 해야
할 시간이었다.

"어떻게 된 거야?"
엘리코치는 분주한 걸음으로 파티장과
다른 초원이 이어지는 길 입구로 걸어왔
다. 파티의 전체적인 진행을 맡은 엘리
편과 장식을 맡은 기특한이 그곳에
서서 걱정스런 표정으로 초원 쪽을
바라보고 있었다.
"어떻게 된 거냐니까? 누가
말 좀 해 봐."
엘리코치가 몇 번을 재
촉했지만 누구도 입을
열지 않았다. 멀리 무대
위에서는 몇몇 기린과
코끼리가 이미 공연을

준비하고 있었지만, 아직 시작하지 못하고 있었다.

준비는 다 되었는데 정작 무대 아래 객석에는 몇 마리의 기린과 코끼리를 제외하고 다른 파티 참가자가 하나도 없었다.

어느덧 무대 앞에는 준비를 맡았던 기린과 코끼리들이 모여들어 웅성거리고 있었다. 무리를 보고 기린아가 날카로운 목소리로 다그쳤다.

"아니, 다들 왜 여기 모여 있는 거야? 준비 안 할 거야?"

하지만 기린과 코끼리들은 좀처럼 움직이려 하지 않았다. 그중 하나가 입을 열었다.

"파티에 온 손님들이 있어야 준비를 하고 일을 할 것 아냐. 주위를 둘러보라고. 기린과 코끼리를 제외하고는 초원의 다른 동물은 한 마리도 오지 않았잖아!"

정말 그랬다.

초원에서 처음 열리는 파티인지라 수많은 동물이 몰려들 거라 예상하고 최대한 넓은 들판에 준비를 했는데, 파티 준비를 맡은 기린과 코끼리를 제외한 동물은 한 마리도 보이지 않았다.

기린아는 더 이상 다른 기린과 코끼리를 다그칠 수만 은 없었다. 그렇게 밤이 지나고 새벽이 찾아왔다. 무대 위의 꽃 장식과 준비한 음식 위로 새벽이슬이 소복이 내려앉았다. 무대 주위에 몰려 있던 기린과 코끼리들은 모두 돌아가지 않고 그대로 밤새 그 자리에 서 있었다. 누구도 말이 없었다. 이 믿을 수 없는 일에 뭐라 할 말이 없는 듯했다.

다시 해가 떠오르자, 이슬이 증발하며 만들어내는 수증기가 땅바닥에서 새싹처럼 솟아올랐다. 참다못한 기린 하나가 입을 열었다.

"이게 대체 어찌된 일이지? 어떻게 초대한 동물이 하나도 오지 않을 수가 있어?"

그러자 그 말을 신호로 기린과 코끼리들이 푸념을 쏟아냈다.

"저기 저 음식들을 보라고. 초원에서 쉽게 구하기 어려운 최고의 것으로만 구해놨는데…"

"무대는 어떻고? 저 높이만큼 나무를 쌓아올리는 것이 쉬운 줄 알아?"

"난 코끼리들의 전통 춤을 며칠 밤을 새가며 연습했는데…"

"저기 저 높이로 꽃 장식을 매다는 것은 기린이 아니면 꿈도 꾸지 못할 방법인데, 그걸 보여주지 못하다니…"

그들은 저마다 자신이 준비한 것을 다른 파티 참가자에게 보여주지 못하게 된 것을 한탄했다. 그러더니 아무 말도 하지 않고 있는 기린아와 엘리코치를 향해 이구동성으로 외쳤다.

"이봐! 무슨 말 좀 해보라고!"

기린과 코끼리들의 다그침에도 불구하고 믿을 수 없는 일이 일어났음에 놀라, 기린아와 엘리코치는 아무 말도 못하고 있었다.

"대왕노릇을 하려고 하니 왕들이 올 리가 없죠. 음식을 만들어 놓긴 했지만 음식을 먹을 사람들을 배려하고 존중하지 않는데 누가 오겠어요!"

아무 말도 못하고 있는 엘리코치와 기린아를 대신해 어디선가 말소리가 들려왔다. 늘 상냥하고 부드럽고 온화했던 환상의 목소리였다.

동물들은 그가 하는 이야기가 무슨 의미인지 알지 못해 소리가 나는 방향으로 고개만 쳐든 채 그가 더 알기 쉽게 설명해주기를 기다리고 있었다. 그러나 환상의 목소리는 부연설명을 하는 대신 힘찬 날갯짓으로 음식이 쌓여 있는 곳으로 날아갔다. 기린과 코끼리들은 그를 따라 우르르 그곳으로 몰려갔다. 환상의 목소리는 잘 익은 사과 위에 앉아 있었다.

"여기 있는 음식은 모두 맛있는 것인가요?"

그 물음에 엘리푸드를 비롯해 음식을 준비했던 기린과 코끼리들이 정색을 하고 화를 내듯 말했다.

"당연하죠. 얼마나 어렵게 모은 음식인데…"

그들은 얼마 전 폭우로 애써 구한 음식을 모두 잃고 다시 어렵게 음식을 모았던 기억을 떠올리고는 더욱 단호한 표정으로 쌓여 있는 음식을 쳐다보았다.

"어렵게 구한 것은 여러분 생각이고, 난 맛있는 음식인가를 물었어요."

"당연하죠."

엘리푸드가 대표로 대답했다. 자신 있다는 표정이었다. 환상의 목소리는 빙긋이 웃더니 다시 물었다.

"누가 먹기에 맛있는 건가요?"

그 질문에는 엘리푸드도 화난 표정으로 서 있던 음식 담당자들도 선뜻 대답하지 못했다. 환상의 목소리는 대답을 기대한 것은 아니었다는 듯, 서둘러 무대 위로 날아갔다.

"이 무대는 이제까지 초원에 세워졌던 무대 중 가장 큰 규모지요?"

무대를 쌓는 것을 도맡아 했던 엘리강스가 가슴을 있는 대로 내밀며 대답했다.

"당연하지요. 이 무대 높이를 한번 보세요. 아기 코끼리 머리 위까지 오도록 무대를 쌓을 수 있는 것은 온 초원에서 우리 코끼리, 그중에서도 저밖에 없을 겁니다."

"높은 무대는 초대된 손님을 배려하지 않고 주최측의

과시욕을 보여주는 상징물에 불과하지요. 누군가가 무대 위에 서면 저처럼 작은 동물은 무대 위가 보이기나 할까요?"

최근 들어 잠잠했던 거만함을 다시 찾은 듯 지나치게 무대를 자랑하는 엘리강스의 대답은 듣는 둥 마는 둥 하고 환상의 목소리는 무대 아래로 날아 내려오며 말했다.

사실 환상의 목소리에게 무대는 커다란 벽에 불과했다. 이번에도 엘리강스는 물론 무대 설치 및 장식을 맡은 기린과 코끼리는 아무 말도 하지 못했다. 아니, 환상의 목소리는 대답을 기대하고 질문을 하는 것 같지 않았다.

이번에는 전통 춤을 준비한 코끼리들에게 물었다.

"그 춤은 코끼리의 전통 춤인가요?"

"네. 초원에서 가장 박진감 넘치는 춤이죠."

"어린 동물은 여러분이 그 춤을 출 때마다 땅이 울리고 나무가 흔들려서 무서움에 울음을 터트릴지도 모르겠네요. 그 춤으로 인해 그들이 상처받고 아플 수 있다는 생각은 전혀 해보지 않았나요?"

다음은 높게 매달린 꽃이었다.

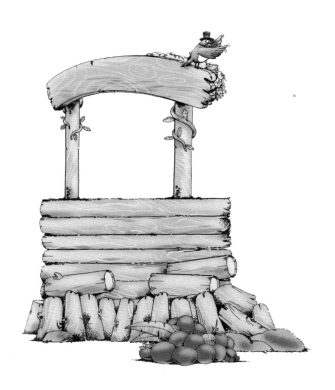

"이건 기린 여러분과 저만을 위한 장식이군요. 고.마.
워.요. 여기 올라오지 못하는 동물은 이 감미로운 향기
를 맡을 수 없겠군요."

모두들 대답하는 것을 포기하고 잠자코 고개를 숙이
고 있었다. 엘리코치와 기린아는 벌써 환상의 목소리가
무엇을 말하려 하는지 알고 있었다. 환상의 목소리는 그

들 둘을 보고 고개를 한번 *끄덕*이고는 다른 기린과 코끼리들에게 이야기하기 시작했다.

"여러분은 짧은 시간 내에 정말 많은 것을 준비했어요. 그리고 그 준비는 훌륭했습니다. 한번 여러분이 준비한 것을 둘러보시죠."

기린과 코끼리들은 고개를 들어 들판 곳곳에 파티를 위해 준비한 것들을 바라보았다.

"하지만…"

환상의 목소리는 숨을 한번 고른 뒤 좀더 높이 날아오르며 말을 이어갔다. 그들이 있던 들판뿐 아니라 초원 전체를 보며 말하기 위해서였다.

"그 모든 준비는 누구를 위한 것이었나요?"

기린과 코끼리들은 작은 소리로 수군거렸다.

"글쎄, 누구를 위한 거였지?"

"오늘 생일을 맞은 사람인가?"

"아니면… 기라성과 엘리멘토 어른들을 위한 경로잔치였나?"

누구도 시원하게 대답하지 못했다. 그때 엘리코치가 대답했다.

"모든 기린과 코끼리 그리고 초원의 전체 동물을 위해서요!"

"맞아요. 그래서 우리는 열심히 준비했고 우리와 함께 살아가고 있는 초원의 모든 동물을 초대했죠."

"그런데 왜 아무도 오지 않은 거죠?"

아까부터 눈물까지 글썽이며 억울해하던 기발한이 환상의 목소리에게 물었다. 환상의 목소리는 다시 음식, 무대, 무용단, 꽃 장식 등을 한 바퀴 휙 돌았다.

"여러분이 준비한 것을 다시 돌아보세요. 누구를 위한 파티를 준비한 거죠? 산양들이 이런 딱딱한 음식을 먹을 수 있나요? 들쥐에게 이처럼 까마득히 높은 무대가 보일까요? 코끼리가 단체로 추는 춤은 초원의 어린 동물에게는 차라리 공포이고, 높은 장대 위에 매달린 꽃장식의 향기를 맡을 수 있는 초원의 동물은 새와 기린밖에 없어요. 초대할 다양한 동물의 식습관이나 삶의 방식을 조금이라도 생각해보았나요? 진정한 파티의 의미와 가치는 초대한 동물을 사랑하고 존중하는 마음에서 비롯된다는 것을 잊으셨나요?"

순간, 기린과 코끼리들은 며칠 전부터 파티 장소 주변에서 다른 동물들이 수군거리던 얘기를 기억해냈다.

'이번에 기린과 코끼리들이 파티를 연다며? 야, 재밌겠는 걸. 우리를 모두 초대한다니 한번 가보자고.'

'가봐야 소용없을 거야. 듣자하니 음식은 온통 코끼리들 취향으로 준비했고, 무대 장식은 기린들을 위해 만들었다던데?'

'공연은 어떻고? 코끼리들의 자기 자랑이란다.'

'기린들도 만만치가 않아. 온통 자기들 위주로 행사

를 준비했다더라.'

'그럴 거면 왜 우리를 초대한 거야?'

'가봐야 들러리 서는 것 아냐?'

그때는 파티에 불만이 있는 몇몇 불평꾼이 유언비어를 퍼트리는 거라고 가볍게 생각했지만, 그런 소문이 초원에 퍼져 오늘과 같은 일이 벌어진 듯했다.

"우리가 주인이 되어 무슨 일을 하려 할 때, 보통 손님을 왕이라고 말하지만 사실 자신은 그 왕을 모실 신하가 되기보다 그 왕의 위에 서서 대왕이 되려 하는 경우가 많죠. 여러분도 초대한 초원의 동물에게 신하로서의 진심을 전해주지 못하고, 대왕이라는 느낌을 주었기에 아무도 여러분의 초대에 응하지 않은 겁니다."

말을 마친 환상의 목소리는 엘리멘토와 기라성이 있는 곳으로 날아가 버렸다.

기린과 코끼리들은 한동안 고개를 들지 못하다가 하나둘씩 자신들이 준비해 놓은 것을 바라보았다.

엘리푸드는 천천히 음식이 쌓여 있는 곳으로 가더니

땅바닥으로부터 음식이 놓여 있는 곳까지의 높이를 재기도 하고, 음식 하나하나를 썹고 그 크기를 재기 시작했다. 그러더니 몇 가지 음식을 땅바닥에 내팽개쳤다.

기특한과 엘리강스도 무대로 다가가더니 거리와 높이를 재고는 갑자기 무대를 부수기 시작했다. 다른 코끼리와 기린들도 마찬가지였다. 저마다 자기가 준비한 것을 엎드리거나 누워서 쳐다보고, 멀리서 또는 가까이서 바라보았다. 또한 만져보고 냄새를 맡아보더니 손질을 하기 시작했다.

다들 아무 말이 없었다. 그러나 그 표정만큼은 자신감에 넘쳐서 오늘의 파티를 준비할 때보다 훨씬 따뜻했다. 그들의 마음속에 또 하나의 무언가가 더 채워진 데 따른 포만감과 충족감 때문인 듯했다.

그때 입구 쪽에서 조그만 들쥐 하나가 잰 걸음으로 들어섰다. 그러더니 무대와 음식이 쌓여 있는 곳을 비롯해 파티장의 여기저기를 둘러보기 시작했다. 기린과 코끼리들은 하던 일을 멈추고 그를 바라보았다.

한동안 여기저기를 둘러보던 그가 무대 앞에 서더니 자기 눈앞에 펼쳐진 까마득한 높이의 무대 벽면을 보며 소리쳤다.

"역시 오지 않기를 잘했구먼. 소문대로야! 이건 손님을 모셔다 놓고 제멋대로 하겠다는 거였구먼. 손님 대접이 영~"

그리고는 다시 초원으로 달음질치며 계속 투덜거렸다.

기린과 코끼리들은 잠시 그 모습을 바라보다가 다시 서둘러 묵묵히 하던 일을 계속했다. 언덕 위에서 엘리멘토와 기라성 그리고 환상의 목소리가 그 모습을 바라보고 있었다.

환히 웃으며….

7. 시장의 체온을 읽어라!

'나'와 '너'의 개성이 '우리'의 아름다움이다

기린과 코끼리는 자기들만의 파티를 준비했던 탓에 초원의 동물로부터 철저하게 외면을 당하고, 결국 첫 번째 파티는 쓰라린 실패로 끝난다. 내 기준과 방식에 따라 준비된 파티를 다른 동물들도 즐겨줄 것이라는 잘못된 가정과 무관심이 부른 어리석음이라고 할 수 있다.

'우리'는 수많은 '나'와 '너'가 만나 만들어가는 한솥밥 공동체company라는 점을 망각하고 '나'와 다른 '너'를 '나'의 입장에서 생각하는 오류를 범하는 경우가 많다. 한마디로 시장, 즉 고객의 체온에 민감하게 대응하지 않고 자기들만의 잔치를 한 셈이다.

공동체의 '시너지'는 다름과 차이를 인정하고 배려하며 존중하는 가운데 나온다. 다양한 개성의 어울림 속에 우리의 아름다운 꽃은 만발하는 것이다. 공동체의 시너지는 용광로처럼 다른 개성을 뒤섞어 하나로 만드는 획일화와 표준화에서 나오지 않는다. 오히려 '시너지'는 다양성을 인정하고 포용하는 가운데 각자의 개성을 존중하고 배려하는 모자이크에서 유래한다. 때로는 '따로' 또 때로는 '같이' 공존함을 인정할 때 '시너지'가 용솟음칠 수 있다. 따라서 다름과 차이는 창조의 원동력이자 출발점이다. 다양한 역사와 특성이 있는 나무가 거대한 숲의 아름다운 조화를 만들어내듯, 다양한 구성원의 개성이 기업의 경쟁력을 결정짓는 동인이다. 함께 갈 때 멀리 갈 수 있고, 오래 갈 수 있다. 서로의 단점보다 장점에 눈을 뜨면 장점에 가려진 단점은 작은 점에 불과하다. 진정한 변화는 서로의 단점과 아픔에 대한 깊은 관심, 배려, 그리고 더불어 살아가겠다는 공존과 동행 속에서 시작된다.

Great Questions, Great Organization

위대한 기업, 위대한 길

1 회사는 혼자 피는 장미가 아니라 함께 피는 안개꽃이다. 모든 산에 한 가지 나무만 있거나 모든 들판에 한 가지 잡초만 무성하다면 어떠할까? 상상만 해도 끔찍한 노릇이다. 다행히 모든 숲과 들판은 다양한 나무, 풀, 곤충, 새, 동물이 함께 어우러져 개개의 아름다움을 전체의 아름다움으로 승화시키고 있다. 다름과 차이를 인정하고 서로의 개성을 조화시켜야만 아름다운 결과를 창출할 수 있기 때문이다. 초기에는 불가능해보였던 도전적인 프로젝트가 성공적으로 완성되었던 경험이나 주변 사람의 사례를 떠올려보라. 그리고 프로젝트 성공에 결정적 영향을 미쳤던 요인 중, 다양성 속에서 시너지 효과를 창출했던 과정과 단계별 결정적 요인을 분석하라.

2 상대방의 단점보다 강점과 재능을 발굴 및 인정해주고 칭찬하는 것은 매우 중요하다. 단점이나 실수는 가능하면 개인적으로 지적해주고 잘한 점은 공개적으로 칭찬해줄 때 즐겁고 신나는 일터가 만들어질 수 있다. 주변 사람들의 강점 리스트를 작성해보자. 그리고 그것을 일로 연결시켜 지금보다 몇 배 높은 성과를 낼 수 있는 한시적인 프로젝트를 기획하라. 하고 싶은 일을 신나게 할 수 있는 여건을 어떻게 만들 것인지 함께 고민해보고 토론하라.

3 전통(傳統)은 진통(陳痛) 속에서 탄생한다. 최근 6개월 동안 남의 배려로 기분 좋았던 경험이 있는가? 당시의 상황을 가능하면 구체적으로 떠올려보라. 무엇이 나를 기분 좋게 했는가? 그것을 한두 마디 말로 표현해보라. 또한 배울 점을 정리하고 내가 그것을 다른 사람을 배려하는 상황에 적용한다면 지금보다 어떤 점에서 좋아질지 논의해보라.

하나의 비전

8

기린, 코끼리, 그리고
초원의 가족 여러분!
오늘 우리 하나가 됩시다.
하나가 되어 파티를 합시다.
더 큰 하나를 위해!

두번째 D-DAY 찬란하고 아름다운 파티를 하자

말 그대로 찬란한 아침이었다.

태양은 그 어느 때보다 환하게 내리쬐었고 하늘은 구름 한 점 없이 맑았다.

모두들 설레는 마음을 감춘 채, 조심스럽게 새롭게 파티가 열릴 들판으로 몰려나왔다. 다들 기쁜 표정이었지만, 며칠 전 시작도 못하고 끝난 파티에 대한 기억 때문인지 말이나 행동 하나하나에 신중함이 엿보였다.

엘리코치는 천천히 파티 장소를 돌아보았다. 무대가 제대로 고쳐졌는지, 음식은 다시 준비되었는지 그리고 음식이 제대로 놓였는지 꼼꼼하게 점검했다. 지난번에 파티를 시작하지도 못하고 연기하게 만들었던 여러 가지 문제에 대해 지나치리만큼 철저하게 살폈다.

기린아는 아예 땅바닥에 엎드리다시피 해서 키 작은 동물의 눈높이로 입구부터 음식이 놓여진 나무등걸과 무대까지 꼼꼼히 살펴보았다.

새벽부터 일을 시작했는데, 벌써 해가 까마득한 산 너머로 사라지며 어둑어둑해지고 있었다. 이제 새로 준비한 파티를 시작해야 할 시간이었다. 기린과 코끼리들은 처음으로 파티를 준비했을 때보다 더 큰 설렘과 불안감으로 파티 시간을 기다리고 있었다.

"과연 이번에는 초원의 동물들이 파티에 와줄까?"

"들쥐, 토끼, 도마뱀, 너구리들이 우리의 진심을 알고 지난번 파티에서의 노여움을 풀고 파티에 와줄까?"

준비를 마친 뒤, 입구에 서서 초조하게 초대한 동물들이 오기를 기다리던 기린과 코끼리들이 작은 목소리로 소곤거렸다. 모두들 불안한 기색이 역력했다. 또 다시 초대받은 동물들이 오지 않을까 봐 불안하기는 엘리코치와 기린아도 마찬가지였다. 다만, 다른 기린과 코끼리들이 동요할까 두려워 아무렇지 않은 듯 무대 근처에서 담담한 표정으로 입구 쪽을 바라보고 있을 뿐이었다.

파티 시간이 얼마 남지 않았는데 아직 파티장에는 기린과 코끼리를 제외한 동물은 한 마리도 보이지 않았다.

"아! 결국 초원의 동물들이 기린과 코끼리의 초대를 외면하는 건가?"

"파티는 또 다시 물 건너갔군. 저 아까운 과일과 꽃들을 다 어쩌지? 에휴."

"한번 실패한 파티를 다시 추진한다는 것부터가 이미 문제였다고. 애고."

기린과 코끼리들은 실망감에 사로잡혀 고개를 푹 숙이고 있었다. 마음이 여린 몇몇 기린과 코끼리는 굵은 눈물을 뚝뚝 떨어뜨렸다. 착잡한 마음으로 치면 이번 파티의 전체적인 준비를 맡았던 엘리코치와 기린아가 가장 심했다. 다른 기린과 코끼리들 때문에 무심한 표정으로 하늘을 바라보고 있었지만, 가슴속에서 뭔가 욱 하는

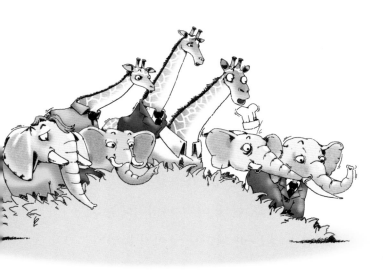

것이 치밀어 올라 참을 수가 없었다.

'오랫동안 최선을 다해 준비한 기린과 코끼리의 최대 행사가 두 번이나 무산되어 버리다니…'

기린아는 눈물을 글썽였다.

그때였다.

파티장 입구 쪽으로 작은 그림자가 종종걸음으로 달려왔다. 이미 어둑어둑해져서 누구인지 알아보기가 쉽지 않았지만 몸집으로 보아 들쥐 아니면 작은 토끼인 듯했다. 그 그림자는 종종걸음으로 무대에서부터 음식이 쌓인 나무등걸을 돌아 파티장 곳곳을 돌아보았다.

"그때 그 들쥐다!"

그림자가 다시 입구 쪽으로 향할 무렵 그림자의 정체를 알아챈 엘리펀이 소리쳤다. 그러자 그 그림자는 한번 흘끔 돌아보더니 종종걸음으로 파티장을 빠져나갔다.

"정말이야?"

소리를 듣고 서둘러 뛰어온 기린아가 엘리펀에게 물었다.

"틀림없어. 아까 입구 쪽으로 돌아 나올 때 달빛에 비친 얼굴을 봤어. 지난번 파티 때 '파티에 오지 않길 잘했다'며 무리를 선동했던 그 들쥐가 확실해."

충격을 받은 기린아는 다리가 휘청거렸다.

'또 무슨 꼬투리를 잡기 위해 온 걸까? 정말로 파티는 물 건너간 건가?'

가뜩이나 가라앉은 분위기가 들쥐의 정탐으로 더더욱 가라앉았다. 몇몇 기린과 코끼리는 속상해서 아예 눈물을 펑펑 쏟았다. 엘리코치는 이곳 초원으로 와서 처음으로 밤에 부는 바람이 참 춥다는 생각을 했다.

그때 초원으로 통하는 입구 쪽이 갑자기 시끌벅적해졌다. 고개를 숙이고 있던 기린과 코끼리들은 무슨 일인가 싶어 입구 쪽을 쳐다보았다. 한적하기만 하던 입구 쪽에서 놀라운 일이 벌어지고 있었다.

"자자, 늦었다 늦었어. 얼른 가야 앞자리에 앉겠다."

"준비를 많이 했다던데, 얼마나 재미있을지 기대된다 기대돼."

"며칠 전부터 새로 단장했다고 하던데 촌스럽지 않은지 모르겠네. 비버들의 댐 쌓는 방식을 배워 만든 무대가 웅장하고 화려하다던데…"

"음식도 이번에는 우리가 좋아하는 걸로, 우리가 먹을 수 있는 자리에 놓여 있다고 하더라고. 배터지게 먹어야지!"

"얼마 전에 준비를 맡은 대표들이 온 초원을 돌아다니며 좋아하는 음식이랑 노래, 놀이 등을 조사하고 다녔다고 하던데… 과연 준비하는 모습이 지난번과는 다른 것 같군."

초원의 모든 동물이 모였다고 해도 과언이 아닐 정도로 수많은 동물이 왁자지껄 떠들며 입구로 몰려들고 있었다. 갑작스럽게 몰려든 동물들 때문에 안내를 맡은 기린과 코끼리들은 정신없이 앞뒤로 뛰어다니고 있었다. 다른 기린과 코끼리들은 느닷없이 펼쳐진 이 믿기 어려운 광경에 어안이 벙벙해 서 있었다.

"이게 어떻게 된 거야?"

엘리코치는 영문을 모르겠다는 표정으로 기린아에게 물었다. 기린아도 잘 모르겠다는 듯 어깨를 으쓱해보였다. 우선은 동물들을 파티장으로 안내하는 것이 급선무였다. 정신을 차린 기린아와 엘리코치는 이리저리 뛰어다니며 기린과 코끼리들에게 지시를 하고 직접 안내도 하는 등 정신없이 움직였다.

바쁘게 움직이던 그들의 눈에 아까 정탐을 하러 왔던

들쥐가 보였다. 들쥐는 동물 무리의 가장 앞에 서서 큰 소리로 외치고 있었다.

"자자, 어서 가자고! 아까 보니 지난번과는 판이하게 다르더라고. 이번에는 손님 맞을 준비가 아주 잘되어 있어. 어서 가서 맘껏 먹고 기린과 코끼리들이 준비한 파티도 신나게 즐기자고!"

순간 계속해서 동물들에게 소리치며 파티 분위기를 돋우던 들쥐와 그 모습을 바라보던 엘리코치의 눈이 마주쳤다. 들쥐는 눈을 한번 찡끗 하더니 계속해서 소리를 질렀다.

"이번에는 손님을 제대로 대접하는구먼. 진작 이럴 것이지! 자, 어서 가자! 파티 시작이 얼마 남지 않았다!"

얼마 지나지 않아 무대 앞 넓은 들판이 초원의 온갖 동물로 가득 메워졌다. 나이 많은 기린과 코끼리들도 지금까지 이렇게 많은 동물이 한자리에 모인 것은 처음 본다고 했다.

엘리코치와 기린아는 어찌나 감격스럽던지 움직일 수

조차 없었다. 그저 동물로 빽빽이 채워진 들판을 바라보며 눈물과 웃음이 범벅이 된 표정으로 서 있을 뿐이었다. 그때, 기린 한 마리가 옆으로 다가오더니 아직도 흥분에 사로잡혀 꼼짝 않고 서 있는 엘리코치와 기린아에게 말했다.

"이봐, 둘이 지금 뭐하는 거야? 저 수많은 동물이 파티를 기다리고 있잖아. 얼른 무대로 올라가 파티를 시작한다는 선언을 해야지."

기린아와 엘리코치는 그제야 정신을 차리고 짧게 고개를 끄덕였다.

잠시 후,

기린과 코끼리들을 포함해 파티에 참석한 동물들의 환호 속에 기린아와 엘리코치가 무대 위로 올라갔다. 비버로부터 배운 나무 쌓는 기술을 이용해 힘을 모아 튼튼하면서도 화려한 무대를 만든 기특한과 엘리강스가 무대 옆에서 한쪽 눈을 찡긋하며 웃음 지었다. 그 사이에 기특한과 엘리강스는 둘도 없는 친구가 된 듯했다. 물론 여전히 엘리강스는 투덜대고 기특한은 그런 엘리강스의 말투를 흉내 내며 놀리곤 했지만….

무대 아래에서는 엘리푸드와 다른 여러 마리의 기린이 어렵게 구해온 꿀과 과일, 그리고 구수한 밀 열매를 파티에 참석한 동물에게 나눠주고 있었다. 무대 위에서는 엘리펀이 본격적으로 펼쳐질 파티의 축하무대 출연진을 확인하며 준비에 여념이 없었다. 저 멀리로 기발한 이 끊임없이 입장하는 파티 참가자들을 안내하느라 목이 쉬도록 소리치고 있었다.

무대의 중심으로 걸어간 기린아와 엘리코치는 잠시 서로를 바라보다가 다시 자신들을 바라보고 있는 무대 아래의 파티 참가자들을 향해 고개를 돌렸다. 무리 중간으로부터 천천히 환호가 터져 나오고 있었다.

그 무리의 뒤에서는 까마득한 산에서 찾아온 환상의 목소리의 친구와 동생들이 은은하면서도 경쾌한 노래를 불러 분위기를 돋워주고 있었다.

밤이라 잘 보이지는 않지만 파티장의 가장 뒤편 야트막한 언덕 위에는 기라성과 엘리멘토가 온화한 미소를 지으며 젊은 기린과 코끼리들이 힘을 합쳐 준비한 파티의 시작을 지켜보고 있었다.

그렇게 파티장을 한 바퀴 둘러본 후에야 기린아와 엘리코치는 입을 열었다. 먼저 기린아가 말했다.

"파티에 참석해주신 초원의 가족 여러분, 그리고 오늘 이 자리를 준비해준 코끼리, 기린 여러분!"

기린아의 목소리는 조금씩 떨리고 있었다. 감격에 겨워 감정을 추스르기가 쉽지 않았다. 기린아는 오늘은 감정을 억지로 감추지 않고 마음껏 발산하기로 하였다.

"이 파티는 우리가 '하나^{One} 됨'을 자축하는 자리입니다. 일 년 전 우리 기린은 이전에 살던 초원에서 날로 심해지는 먹이 경쟁과 외부 침입자들의 거센 도전을 이겨내기 위해 코끼리라는 든든한 친구와 하나가 되어 험한 여정 끝에 이곳 초원에 도착했습니다. 오늘은 그렇게 하나가 되어 보금자리를 찾아낸 기린과 코끼리의 '하나 됨'을 자축하는 자리입니다."

엘리코치가 그 다음 말을 이어받았다.

"또한 오늘은 우리의 '새로운 시작'을 다짐하는 자리입니다. 그간 초원에서 가장 똑똑하고 재빠르다는 기린과 가장 힘이 세고 조직력이 강하다는 코끼리가 모여 얻게 된 시너지와 하모니로 초원의 새로운 출발을 다짐하는 무대입니다."

기린과 코끼리들은 엘리코치의 말이 끝나자마자 과일을 하늘 위로 집어 던지고 환호성을 지르며 기뻐했다. '새로운 시작', '시너지와 하모니'라는 말은 기린과 코끼리들이 진정한 의미의 하나가 되었다는 성취감과 자부심 그리고 서로가 느끼는 무한한 기쁨을 의미했다.

반면, 파티에 참석한 초원의 다른 동물들은 표정이 굳어졌다. 일부는 드러내놓고 엘리코치의 다소 거만하게 들릴 수도 있는 연설에 불쾌감을 표시하기도 했다. 언덕 위에 자리를 잡고 있던 엘리멘토와 기라성도 불안한 표정으로 엘리코치와 기린아의 이어지는 연설에서 해명을 하거나 사과를 하는 이야기가 어서 나오기를 초조하게 기다렸다.

"아이들이 왜 또 저런 이야기를 할까요?"

"지난번 자신들의 자만과 과신으로 파티가 한번 무산된 것을 벌써 잊었나 봅니다. 이런… 쯧쯧."

엘리멘토와 기라성은 자리에서 왔다 갔다 하며 불안감을 감추지 못했다. 그때 바위 위로 위태롭게 솟은 나무 위에 앉아 있던 환상의 목소리가 듣는 이의 마음을 사로잡는 감미로운 목소리로 엘리멘토와 기라성을 진정시켰다.

"너무 걱정하지 마세요. 이번 파티를 준비하면서 많은 것을 배웠기에 두 분이 생각하시는 그런 실수는 하지 않을 겁니다."

그의 말을 듣고 나서 조금 안심이 되기는 했지만, 무대 아래 다른 동물들의 싸늘한 반응에 엘리멘토와 기라성은 불안감이 완전히 가시지 않았다.

다시 기린아가 엘리코치의 말을 이어 받았다.

"오늘은 우리가 진정 '하나됨'을 위해 보다 큰 '하나'가 되었음을 다짐하는 자리입니다. 보다 큰 '하나'는 단순히 기린과 코끼리가 합쳐진 '하나'만을 의미하지 않습니다. 그것은 초원을 삶의 터전으로 해서 살아가는 모든 동물과 식물, 곤충이 어우러지는 더 큰 '하나', 즉 초원 공동체를 의미합니다."

불평 섞인 눈빛으로 웅성거리던 동물들이 다시 시선을 무대 위로 주기 시작했다. 불안감에 초조해하던 엘리멘토와 기라성도 무대 위를 주시했다. 잠시 시간을 두고 다시 기린아의 이야기가 시작되었다.

"기린과 코끼리가 처음으로 파티를 계획하던 때가 떠오르는군요. 사실 우리는 한가하게 파티를 준비할 만큼 여유롭지 못합니다. 어쩌면 지금은 일 년 중 가장 바쁜 시기라고 할 수 있죠. 그런 우리가 파티를 계획하고 준비한 데는 여러 가지 이유가 있습니다."

기린아는 잠시 숨을 고르고 말을 이었다.

"기린과 코끼리들은 하나가 되어 천신만고 끝에 이곳으로 이주해왔지만, 아직 이 초원에서 완전한 안전을 얻지는 못했습니다. 예전보다 풍요로워졌지만, 아직도 배불리 먹을 먹이를 구하는 것이 그렇게 쉽지만은 않습니다."

"맞아, 맞는다고! 너희가 그럴 정도인데 우리 같이 작은 동물은 어떻겠어?"

무대 맨 앞에서 기린아와 엘리코치의 이야기를 듣고 있던 두더지들이 맞장구를 쳤다. 하지만 덩치 큰 동물에게 가려 그 소리는 거의 들리지 않았다. 무대 위에 선 기린아와 엘리코치만 그 말을 듣고 살짝 미소 지었다.

그 다음으로 말을 하는 엘리코치의 목소리에는 강한 힘이 들어가 있었다.

"그래서 오늘의 이 파티가 더욱 의미가 있는 겁니다. 우리는 단순히 먹고 마시기 위해 이 파티를 준비한 것이 아닙니다. 기린과 코끼리의 진정한 하나됨을 넘어 초원의 모든 동물과 더 큰 하나됨을 통해 새로운 출발을 하겠다는 것을 다짐하고, 함께 새롭고 멋진 초원으로의 도약을 꿈꾸기 위해 이 파티를 연 것입니다."

엘리코치의 이야기에 이어 기린아의 이야기가 덧붙여졌다.

"오늘부터 기린과 코끼리는 하나가 되어 초원의 동물

들과 함께 잘 살 수 있는 방법을 고민할 겁니다. 그리고 일 년 뒤 모두가 더 큰 '하나'가 되어 이 자리에서 초원 공동체의 기쁨을 만끽할 수 있도록 노력할 것입니다."

둘은 함께 소리쳤다.

"기린, 코끼리, 그리고 초원의 가족 여러분! 오늘 우리 하나가 됩시다! 하나가 되어 파티를 합시다! 더 큰 하나를 위해!"

기린아와 엘리코치의 말이 끝나기가 무섭게 하나둘씩 들려오던 박수소리가 이내 천 개 만 개의 박수소리가 되어 온 초원에 울려 퍼지기 시작했다. 기린과 코끼리는 물론, 들쥐와 산토끼가 끌어안았고 오랑우탄이 얼룩말을 쓰다듬으며 인사를 했다. 새들은 노래를 시작했고 하마는 물을 뿜어 장단을 맞췄으며 들쥐와 흰털여우는 그 장단에 따라 춤을 췄다. 이처럼 모두가 하나가 되는 모습은 그들에게 이전까지 한번도 느껴보지 못한 벅찬 감동을 안겨주었다.

여기저기에서 파티를 준비하던 기특한, 엘리강스, 기

발한, 엘리펀, 엘리푸드 등이 무대로 몰려와 기린아와 엘리코치의 멋진 연설을 칭찬했다.

눈물이 글썽해진 기린아와 엘리코치가 그들에게 깊이 고개를 숙여 인사했다.

"고맙다."

"고맙다. 정말 고마워."

그러자 모두 하나가 되어 한쪽 눈을 찡긋해보이고는 크게 웃었다.

무대 아래에서는 여전히 온갖 동물이 하나가 되어 웃으며 인사하고 노래 부르고 있었다. 모두가 크게 웃고 있는 사이, 엘리강스가 말했다.

"이제 본격적으로 파티를 즐겨봐야 하지 않겠어? 기린아! 엘리코치! 뭐하고 있어. 본격적인 파티의 시작을 알리는 선언을 해야지!"

"그래, 잊고 있었네. 멋진 인사말도 했으니 이젠 본격적으로 파티를 시작해야지!"

그들이 모두 힘을 모아 기린아와 엘리코치의 등을 떠밀었다.

둘은 다시 무대의 중심에 섰다. 한창 떠들던 동물들도
다시 등장한 둘을 바라보고 있었다.

"어서 오세요, 여러분!"

"자, 파티를 시작합시다!"

엘리멘토와 기라성은 새로운 출발을 위해 출정식 축제를 하는 많은 동물을 바라보며 흐뭇한 미소를 지었다. 아마도 내일은 초원에서 새로운 희망의 바람이 불어올 것이다.

8. 고객가치를 창조하라!

꿈을 파는 기업만이 꿈을 이룰 수 있다

자기들만의 파티를 준비했다가 초원의 동물들로부터 철저하게 외면당하는 아픈 경험을 했던 코끼리와 기린은 진정한 '하나'됨을 통한 더 큰 '하나'됨을 위해 새로운 출발을 다짐한다. 그리고 결국 기린과 코끼리가 합쳐지는 '작은 하나'를 넘어 초원에 사는 모든 동식물이 '더 큰 하나'로써 초원 공동체로 재탄생하는 감격적인 경험을 하게 된다. 고객가치 창조, 고객과 함께하는 꿈이 얼마나 중요한지를 깨닫게 된 것이다.

일류기업일수록 시장조사나 고객을 대상으로 요구조사를 하지 않는다. 고객이 요구하기 이전에 고객의 욕망을 포착해 이를 충족시켜줄 수 있는 제품과 서비스를 만들뿐이다. 한마디로 고객을 따라가기보다 고객을 이끌어가는 것이다. 고객이 무언가를 요구하기 전에 잠재된 고객의 욕망을 유혹할 수 있는 제품과 서비스를 개발해 잊을 수 없는 체험을 팔아야 한다. 고객은 단순히 상품과 서비스를 구매하는 것이 아니라 자신의 욕망을 구현할 체험을 사는 것이다. 고객이 상품과 서비스를 구매하며 느끼는 경험과 감성적 기억은 고객만족과 감동을 유발하는 원천으로 작용한다. 고객을 쫓아가서는 고객의 마음을 움직일 수 없다. 기업이 고객의 마음을 사로잡는 마음도둑이 될 때, 고객은 '영원한 고객'으로 남게 된다. 고객감동은 영속기업의 궁극적인 성장 DNA이다.

Great Questions, Great Organization

위대한 기업, 위대한 길

1 지금 여러분 회사가 제공하는 상품과 서비스의 차별성 혹은 독창성을 고객에게 쉽게 전달할 수 있는 스토리를 만들어보라. 나이키의 젊음과 야망, 할리데이비슨의 일탈과 자유, 말보로의 야성 등이 그 예에 속한다. 상품과 서비스의 특성을 대변하는 콘셉트를 잡아보고 광고 카피도 만들어보라. 그리고 그 카피를 근간으로 고객의 욕망을 유혹할 수 있는 단순 명료한 스토리를 작성해 팀원과 논의하라.

2 고객감동 서비스를 제공하려면 진실의 순간MOT: Moment of Truth에 최선을 다해야 한다. MOT는 고객이 종업원이나 기업의 특정 자원과 접촉할 때, 서비스 품질에 대한 인식에 결정적 영향을 미치는 상황이나 순간을 말한다. 이는 고객이 특정 매장을 방문하는 순간부터 그 고객이 나가는 순간까지 어떤 시점에서든 발생한다. 고객이 회사를 방문하는 시점부터 일을 마치고 나가기까지 단계별로 내부 임직원이 고객을 만나는 순간을 생각해보고 매 순간 절정의 고객감동 체험을 제공하기 위해 어떤 노력을 전개해야 하는지 논의하라.

3 기업경영의 중심에 고객이 있다! 마음을 사로잡는 서비스를 제공하면 고객은 '가능성 있는 고객'에서 '단골고객'으로 전환될 수 있으며, 단골고객은 충성고객으로 바뀔 수 있다. 그리고 충성고객은 특정 회사가 제공하는 제품과 서비스를 존경하는 수준을 넘어 사랑하게 되는 러브마크 수준까지 발전한다. 지금 내가 접촉하고 있거나 접촉 예정인 고객 리스트를 정리하고, 가능성 있는 고객을 단골고객으로 전환시킬 수 있는 전략을 수립하라. 지금 가능성 있는 고객, 단골고객, 충성고객에 대한 정보가 충분히 있는지 그리고 각각의 고객에게 어떤 감동적인 서비스를 제공하고 있는지 구체적으로 점검하라.

에필로그

영속기업의 성장 DNA를 이식하라

나비의 역사

반짝반짝 한 송이 꽃잎처럼 하늘로 날아오른

봄 나비 한 마리를 바라보며

그가 겪었을 긴 역사를 생각합니다.

작은 알이었던 시절부터 한 점의 공간을

우주로 삼고 소중히 생명을 간직해왔던

고독과 적막의 밤을 견디고…

징그러운 번데기의 옷을 입고도

한시도 자신의 성장을 멈추지 않았던 각고의 시절을 이기고…

이제 꽃잎처럼 나래를 열어 찬란히 솟아오른 나비는

그것이 비록 연약한 한 마리의 미물에 지나지 않는다 할지라도

그것은 우람한 승리의 화신으로 다가옵니다.

- 《처음처럼》 신영복* 중에서

나비가 자유를 얻기 위해서는 애벌레 단계를 거쳐야 한다. 애벌레 단계를 거치지 않으면 나비는 날 수 있는 자유를 얻지 못한다. 나비가 자유를 얻어가는 과정, 즉 알-애벌레-고치-나비로 변신하는 과정에는 자기의 존재 이유를 깨닫는 일이 동반된다.

고치에서 나비가 나오면 날개가 생긴다. 왼쪽 날개는 현재의 능력이고 오른쪽 날개는 현재와 근본적으로 다른 상황이나 미래사회가 요구하는 능력이다. 나비는 자신의 양 날개를 함께 움직여야 젖과 꿀이 흐르는 꽃동산에 도달할 수 있는 자유를 만끽할 수 있다. 이것은 기업도 마찬가지이다. 기업 역시 현재 직면하고 있는 위기상황과 앞으로 다가올 시계제로의 경영환경 변화에 능동적으로 대처할 수 있을 때, 비로소 기업을 둘러싼 환경 변화를 주도할 수 있는 자유를 얻을 수 있다. 진정한 '자유自由'는 자기自己의 존재 이유理由를 발견할 때 가능하다.

나비가 한 꽃에서 다른 꽃으로 날아다니며 꽃들을 수정시켜 새로운 열매를 맺게 하는 것처럼, 기업은 기존 문화와 새로운 환경 변화가 요구하는 문화적 특성을 반영해 새로운 문화적 텃밭을 가꿀 필요가 있다. 산성 토양을 알칼리성 토양으로 바꾸지 않으면 식물이 자랄 수 없듯 지속적으로 토양의 체질을 바꾸는

*신영복 지음, 《처음처럼》, 랜덤하우스코리아, 2007년, 29쪽

개토開土 작업이 전개되어야 한다.

기존 문화의 장점과 새로운 환경이 요구하는 이질적 문화의 장점을 창의적으로 융복합시켜 이전에 없던 새로운 문화를 창조하는 작업이 전개될 때, 차별적 고객가치를 제공할 문화적 기반을 조성할 수 있다. 모든 창조는 두 가지 이상의 이질적인 아이디어를 융복합시키는 과정에서 탄생한다. 순종교배보다 잡종교배를 통해 새로운 종을 탄생시키는 것이 강한 생명력을 얻는 비결이다.

문화적 통합을 넘어 그로 인한 시너지 효과를 창출하려면 '우리 문화'로 '그들 문화'를 평가하거나 가치 판단을 하지 말아야 한다. 내가 쓰고 있는 색안경으로 상대방을 재단하지 마라! 어느 쪽이나 문화적 전통과 배경, 해당 문화를 갖고 있다. 자신이 끼고 있는 문화적 색안경으로 상대방 문화를 일방적으로 재단할 경우, 내 안경의 색깔로 상대방의 문화적 색깔을 보게 되는 어리석음을 범할 수 있다.

즉, 상대방의 문화적 색깔이 보유하고 있는 고유함과 역사적 전통 및 배경이 담고 있는 메시지를 보지 못하는 것이다. 낙타는 사막에서 성장하고 호랑이는 정글에서 성장할 때 가장 아름다운 성숙의 꽃을 피울 수 있다. 낙타의 눈으로 호랑이 습관을 비난하거나 호랑이 눈으로 낙타의 생활 습관을 비난해서는 안 된다.

또한 문화는 양파처럼 껍질을 벗기면 벗길수록 또 다른 면이

나오므로 겉만 보고 상대방의 문화를 쉽게 속단하지 말아야 한다. 이문화끼리 만나 시너지 효과를 내기 위해서는 문화 속에 담긴 사연과 배경이 지금 이 시점에서 어떻게 재구성될 수 있는지 간파해야 한다.

그런 점에서 가방이 지향하는 문화와 보자기가 지향하는 문화적 차이는 의미심장하다. 문화적 다양성을 수용하는 방법은 집어넣는 '가방'이 아니라 모순을 끌어안는 '보자기'에서 배울 필요가 있다. 가방은 넣지만 보자기는 싼다. 가방은 채우지만 보자기는 푼다. 가방은 자신을 중심에 세우지만 보자기는 타인을 중심에 세운다. 상대방을 변방에 세우고 나에게 맞추라고 하는 가방의 강요는 획일화의 폭력이다. 주류 입장에서 비주류에게 자신의 가치관만 강요할 경우, 갈등은 해결되지 않고 마음에 응어리로 남는다.

기린의 입장에서 코끼리에게 일방적으로 자신의 생활 습관과 가치관을 강요할 경우, 또는 그 반대의 경우 기린과 코끼리는 영원히 함께 살지 못한다. 서로 간에 존재하는 다름과 차이를 인정할 때 함께 어울릴 수 있는 가능성의 문이 보인다. 보자기처럼 상대방의 이견을 수용하고 인정하며 단점을 덮어주는 미덕이야말로 공존과 상생을 위한 최고의 덕목이다.

보자기와 가방이 가르쳐주는 기업 문화적 교훈은 의미심장하다. 이타적 관계에 근거한 보자기의 탁월한 융통성과 수용성은 사물이나 현상을 바라볼 때 자기만의 기준과 잣대에 근거해 일방적으로 재단하지 않음을 보여준다. 세상을 향한 열린 마음과 감싸 안는 인간적 따스함 속에서 아름다운 포용의 미학마저 느껴진다. 다소 줏대가 없어 보이기도 하지만 본질과 속성은 변하지 않은 채, 주어진 상황에 맞게 외형적 특징을 자유자재로 바꿔나가는 모습은 진정 타인에 대한 뜨거운 관심과 배려 그리고 애정과 돌봄의 미덕이라고 할 수 있다. 기업 문화 역시 상대에 대한 애달픈 관심의 싹이 트지 않고는 발전적으로 성숙하지 않는다.

가방은 자기가 세상의 중심이기에 자신과 맞지 않는 그 어떤 것도 수용하거나 포용하지 않는 고집불통의 완고함을 보여준다. 삼라만상을 자기 기준으로 판단하고 행동한다면 모두가 경쟁해야 할 적이고 극복해야 할 저항세력이 되고 만다. 가방의 꿋꿋한 신조도 좋지만 자기중심적 세계관은 자칫 독불장군으로 전락할 가능성이 있으며, 나아가 자기 이외의 모든 것을 비하하거나 자신만의 일방적인 태도를 강요하는 어리석음을 범할 수 있다.

기린의 처지가 기린의 입장을 결정하고 코끼리의 처지가 코끼리의 입장을 결정한다. 좋은 것은 모두 '우리we'고 나머지는 모두 '그들they'이라고 몰아붙이는 것은 근본 속성의 오류를 범하고 있는 것이다. '우리'와 '그들'의 범주 구분은 전적으로 자신의 처지에 따른 입장 표명에 불과하다. 그리고 그 입장은 결코 영원하지 않다.

기린의 코끼리에 대한 이해는 코끼리의 실체나 동물적 특성을 고정된 범주에 집어넣는 '명사적 이해'를 벗어나, 어떤 환경과 처지에 놓여 있느냐에 따라 코끼리의 입장이 달라질 수 있다는 '동사적 이해'가 필요하다. 코끼리는 덩치가 크고 유순하며 충성심이 높다든지, 오로지 자기 영역 안에서만 안빈낙도의 생활을 즐긴다고 규정하는 것은 코끼리에 대한 근본 속성의 오류를 범하는 것이다.

우리가 사실이나 진리라고 믿는 것은 우리 입장에서, 우리의 지식에 근거해 판단한 편향적 이해에 불과하다. 즉, '우리'라는 문화적 집단이 만든 한시적 진리체계에 따라 '그들'을 일방적으로 재단한 것이다. 기린은 기린끼리 코끼리는 코끼리끼리 어울리는 것은 서로가 비슷하기 때문이 아니라, 비슷한 무리가 한패가 되어 입장의 동일함을 추구한 결과 한패가 된 것이다. 따라서 "집단은 실체가 아니라 과정"이라는 데이비드 베레비(David Berreby)*의 주장에 귀를 기울일 필요가 있다. 예를 들어 기린 집단의 특성적 자질은 영구불변적 속성이 아니라 내부적 속성이나 외부환경과의 상호작용 혹은 다른 집단과의 문화적 교류에 따라 얼마든지 달라질 수 있다.

---

*데이비드 베레비 지음, 정준형 옮김, 《우리와 그들: 무리 짓기에 대한 착각》, 에코리브르, 2007년

오늘날 존경받는 영속기업은 한결같이 구성원간의 다양성은 물론 이질적인 집단 사이에 존재하는 다름과 차이를 인정하면서 자신만의 독창적인 경영방식을 만들어가고 있다. 모든 구성원의 의사결정 기준이자 경영원칙을 분명히 밝히고, 이를 근간으로 어느 기업에서도 찾아볼 수 없는 고유의 비즈니스 방식을 갈고 닦아 지속적으로 경쟁력을 높이는 것이다. 그러한 관점에서 영속기업의 문화적 DNA 8가지를 설정하고 이들이 어떤 시너지를 만들어 가는지 논의해보자. 영속기업의 문화적 DNA 8가지는 다음과 같다.

1. 가슴 두근거리는 목표를 설정하라.
2. 최고 수준의 신뢰를 구축하라.
3. 새로운 콘셉트를 창조하라.
4. 끊임없이 새로움을 추구하라.
5. 열정의 온도를 높여라.
6. 주인정신을 발휘하라.
7. 시장의 체온을 느껴라.
8. 고객가치를 창조하라.

영속기업의 문화적 DNA 8가지는 다음의 그림과 같이 식물에 비유할 수 있다.

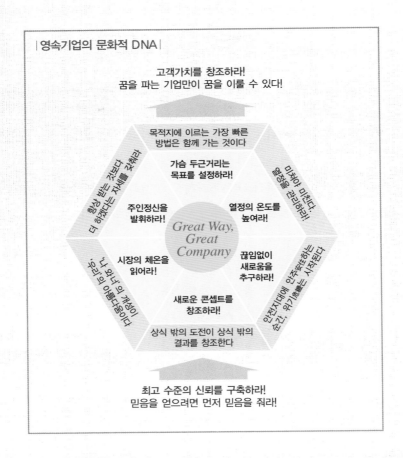

영속기업의 문화적 DNA

고객가치를 창조하라!
꿈을 파는 기업만이 꿈을 이룰 수 있다!

목적지에 이르는 가장 빠른
방법은 함께 가는 것이다

가슴 두근거리는
목표를 설정하라!

주인정신을
발휘하라!

열정의 온도를
높여라!

Great Way,
Great
Company

시장의 체온을
읽어라!

끊임없이
새로움을
추구하라!

새로운 콘셉트를
창조하라!

상식 밖의 도전이 상식 밖의
결과를 창조한다

칭찬 받는 것보다 더 하겠다는 자세를 갖춰라

마쳐야 마친다. 열정을 관리하라!

'나'와 '너'의 개성이 '우리'의 아름다움이다

안전지대에 안주하려는 순간, 위기가 싹트기 시작된다

최고 수준의 신뢰를 구축하라!
믿음을 얻으려면 먼저 믿음을 줘라!

식물의 뿌리에 해당하는 신뢰가 무너지면 줄기와 가지는 더 이상 자랄 수 없을 뿐 아니라 꽃도 피지 않고 열매도 맺지 않는다. 내부 구성원은 물론 고객에게 믿음을 주지 못하고 결과적으로 신뢰가 깨지면 기업은 더 이상의 존재가치를 상실하게 된다.

믿음직한 기업 또는 믿을 수 있는 기업 이미지는 최고 수준의 신뢰에서 출발한다. 나아가 신뢰는 구성원간 또는 고객과의 사이에서 끈끈한 인간적 관계맺음을 가꿔가는 원동력이다. 이런 점에서 신뢰는 다른 모든 가치에 선행하는 기반가치로서의 의미를 지닌다.

타인으로부터 믿음을 얻으려면 우선 나부터 정직해야 한다. 정직은 신뢰관계 형성의 전제조건이다. 정직을 토대로 정도를 지향하는 길목에는 수많은 유혹의 손길이 뻗쳐온다. 정직한 자세와 태도, 정직한 기업경영을 위협하는 수많은 외부적 위협요인과 유혹의 손길을 물리치고 원칙을 지키면서 꿋꿋하게 걸어갈 때 고객은 믿음으로 보답한다. 고객의 마음을 얻으면 신뢰는 자연스럽게 찾아온다. 그리고 찾아온 신뢰를 더욱 정직하게 섬길 때 세상의 흐름에 쉽게 흔들리지 않는 강인한 생명력을 지닌 뿌리로 튼실하게 자랄 수 있다.

뿌리가 튼실하게 자라면 그 위에서 건강한 줄기와 가지, 잎이 무성하게 자랄 수 있다. 뿌리는 보이지 않는다. 보이지는 않지만 뿌리가 튼실해야 줄기와 나뭇가지가 아름다운 결실을 맺기 위해 무럭무럭 자라게 된다. 그런 점에서 줄기와 가지에 해당하는 6가지 핵심가치는 아름다운 꽃과 풍성한 열매를 맺게 하는 중간 과정이라고 할 수 있다.

시장의 체온에 민감하게 대응한다는 것은 외부적으로 고객의 목소리에 귀를 기울이는 자세, 그리고 다양한 고객의 요구 및 기대사항의 다름과 차이를 우선적으로 배려하는 노력을 말한다. 내부적으로는 나와 다른 구성원의 차이에 주목하는 배려와 존중의 자세를 의미한다. 쉽게 말해 내 생각이 항상 옳다는 고집과 편견을 버리고 나도 얼마든지 틀릴 수 있으며 나와 다른 의견도 존재한다는 사실을 인정하는 미덕이다. 내가 남을 배려하고 존중할 때, 다양성의 또 다른 줄기와 가지가 무한히 뻗어나갈 수 있다. 모든 것을 내 기준으로 평가하고 재단한다면 나와 다른 줄기와 가지는 자랄 수 없다.

주인정신을 발휘하는 노력은 회사에 종속된 머슴이 아니라 회사의 주인은 바로 나 자신이라는 사고로 내 일에 프로정신으로 임하는 자세다. 지금 내가 하고 있는 일에 어떤 의미와 가치를 부여하느냐에 따라 일에 임하는 자세는 판이하게 달라질 수 있다. 나는 내 인생의 주인이기에 내 스스로 내 인생에 정언명령을 내리는 독립적인 주체이자 남과 함께 공동체를 발전시키는 구성원임을 잊지 않아야 한다.

열정과 관련된 핵심가치는 고객가치 창출이라는 꽃을 피우고 열매를 맺기 위해 한눈팔지 않고 매진하게 만드는 에너지이다. 불가능한 과제에 도전하는 것이나 목표 달성, 새로운 제품과 서비스를 개발하는 것은 모두 도전정신을 토대로 새로운 가치를 제공할 수 있는 제품 및 서비스를 창조하는 과정이다.

몰입하지 않는 도전은 치명적인 실패를 초래할 수 있으며, 열정 없는 창조는 식상하기 쉽다. 창조된 지식에 지식창조자의 열정이 담기지 않았다면 치열한 문제의식이 실종된 껍데기 지식에 불과하다. 창조된 지식을 근간으로 새로운 제품과 서비스를 창출하는 과정에서 열정과 헌신을 담지 않는다면 고객은 절대 그 제품과 서비스를 구매하지 않을 것이다.

제품과 서비스는 단순히 결과물로써의 제품과 서비스 수준을 넘어 어떤 철학과 혼, 열정, 사랑을 담아내느냐에 따라 고객감동과 행복 수준이 달라진다. 몰입과 열정을 기반으로 불가능에 도전할 때, 기대 이상의 창조적인 결과가 탄생하게 마련이다. 따라서 창조는 도전과제에 직면하고 있을 때 극도의 혼란과 갈등 속에서 탄생하는 경우가 많다.

의도적인 혼돈 조장과 상식 밖의 도전은 창조의 과정을 지원하고 촉진하는 촉매제이다. 나아가 도전과 창조의 여정 그 자체는 한곳에 안주하지 않고 지속적인 성장과 발전을 담보하기 위해 끊임없이 새로움을 추구하는 변화와 혁신의 과정이다. 모든 것이 과거와는 질적으로 다르게 그것도 빠른 속도로 변하고 있는 시점에서 기존의 변화 추진 방식과 근본적으로 다른 혁명적인 변화, 즉 혁신을 일상화하는 기업만이 생존을 보장받을 수 있다. 이제 변화와 혁신은 의도적으로 일정한 시점에서 시작하는 연중행사가 아니라 기업이 살아 숨쉬는 동안 항시적으로 진행해야 할 일상적인 비즈니스 활동으로 받아들일 필요가 있다.

변화와 혁신을 통해서 궁극적으로 달성하고자 하는 목표가 무엇인지를 구체적으로 설정할 필요가 있다. 애매한 목표는 애매한 결과를 가져오는 것이 아니라 아무런 결과도 가져오지 못한다. 목표는 크고 원대하되 실현가능하고 구성원의 도전의식을 자극하는 것이라야 한다. 함께 목표를 향해 가는 길이 가장 빠른 길이며, 그것이 기업이 추구하는 궁극적인 비전을 달성하는 여정이다. 작은 목표 달성이 큰 목표를 달성하는 지렛대이며, 큰 목표를 달성하는 길이 비전을 실현하는 디딤돌이다.

이렇게 무럭무럭 자라는 줄기와 가지는 아름다운 꽃을 피우고 풍성한 열매를 맺게 하는 원동력이다. 즉 고객감동과 행복을 불러일으킬 수 있는 제품 및 서비스는 줄기와 가지에 해당하는 6가지 핵심가치가 역동적으로 상호작용하는 과정을 통해 탄생하는 성취물이다.

다름과 차이가 존재하고 다양할 수밖에 없는 조직 구성원이 서로 존중하고 배려하는 문화를 형성하면 그것은 시너지로 폭발하게 된다. 나아가 조직 구성원은 주인정신으로 도전적인 목표를 설정하고 열정적으로 몰입하게 되고, 결과적으로 그러한 몰입이 고객감동과 가치를 제공하는 제품 및 서비스 창조로 이어진다. 그리고 이런 과정을 통해 영속기업의 독특한 경영방식 Great Way, Great Company이 자리를 잡게 된다.